La BIBLIA

Vida

FRANCISCO FERMÍN CUEVAS

La

BIBLIA

La aventura de su maravillosa historia

Vida

Vida

Publicado por Editorial Vida – © 2025
Nashville, Tennessee
Anteriormente publicado por: © 2018, HarperCollins México, S.A. de C.V.
Publicado por HarperCollins México
Av. Insurgentes Sur 730-213
Col. del Valle
Benito Juárez
03100 Ciudad de México

Diseño de forros: Claudia Safa
Ilustraciones: Alejandro Mesa
Diseño de interiores e infografías: Felipe López Santiago
Cuidado de la edición: María Teresa Solana
Editor general: Daniel Mesino

ISBN: 978-1-4002-4507-9

ÍNDICE

AGRADECIMIENTOS

Antes que nada, mi agradecimiento al Rey de los siglos, inmortal, invisible, al único y sabio Dios, a quien doy honra y gloria por haberme concedido el privilegio y la gracia de publicar este libro para su servicio.

Gracias a la editorial Harper Collins México por ofrecerme la oportunidad de escribir esta historia, invitación que vino a través de Diana Servín, quien en ese momento era directora general. Aprecio en gran manera su tiempo, la supervisión del desarrollo, sus sugerencias y su apoyo incondicional. Siempre estaré agradecido por ese gesto amable que me abrió un horizonte insospechado del mundo editorial.

Gracias también al editor Edgar Krauss, quien le dio continuidad al proyecto con diligencia y sobrada paciencia en el seguimiento del texto.

Gracias a Daniel Mesino, escritor y editor, quien en la última etapa me animó, inspiró y supo con sumo profesionalismo conducirme a la concreción del libro.

Gracias a María Teresa Solana y Felipe López, encargados de la edición, así como de la ilustración y el diseño. De manera extraordinaria y muy profesional interpretaron atinadamente mis ideas para convertirlas en imágenes.

Gracias a mi familia, amigos y hermanos cercanos en la fe, quienes sabían de este trabajo y me llevaron en sus oraciones y alentaron con sus comentarios.

Gracias a mis padres, Filemón y María Teresa, quienes siempre me ayudaron e inspiraron a ser mejor para servir a Dios. Especialmente honro la memoria de mi madre, quien ya está en la presencia del Señor y quien desde que era un niño fomentó en mí el amor por la lectura.

DEDICATORIA

Dedico esta obra en primer lugar a mis hijas: Priscila Abigail, Débora Eunice, Ana Miriam y Betsaida Saraí, cuya infancia recordé mientras escribía el libro, imaginando que me hubiera gustado haberles leído esta historia antes de irse a dormir. A su mamá, Cecilia Aracely, "hueso de mis huesos, carne de mi carne", compañera de viaje en esta tierra, quien sabiamente supo siempre inspirar en ellas una vida piadosa de oración, lectura bíblica y buen testimonio de la fe.

A mis nietos Naomi, Joab y Mía: deseo que disfruten de la lectura de este libro y que contribuya a la edificación de sus vidas y al amor por la Palabra de Dios. Redacté muchas partes del texto pensando en ellos y en las posibles preguntas que se harán un día sobre el origen de la Biblia.

A todos los que aman, estudian y predican el mensaje de la Biblia, independientemente de su confesión religiosa, y en los que aumenta cada día la sed de conocer más acerca de este preciado Libro, que nos da testimonio de nuestro Señor y Salvador Jesucristo.

En ti
serán
benditas
todas las
familias
de la tierra

INTRODUCCIÓN

Esta es la fascinante historia del nacimiento de la Biblia, de cómo se convirtió en un libro y llegó hasta nuestras manos para poder leerlo en nuestro propio idioma. Pero no vayas a creer que bajó del cielo sostenido por ángeles, ya impreso y encuadernado, con capítulos y versículos, ilustraciones, comentarios y mapas. Su origen se remonta a muchos siglos antes de Cristo, cuando aún no existían los libros como hoy los conocemos, ni un alfabeto con consonantes y vocales como el nuestro.

Los personajes antiguos que aparecen en ella vivieron en una época en la que aún no se había desarrollado la escritura. Ellos tuvieron vivencias y encuentros con Dios que luego narraron a sus descendientes, lo que se ha venido haciendo de generación en generación a través del tiempo. Antes de que los hebreos conocieran una escritura consonántica recorrieron grandes distancias y plasmaron sus vivencias en sus confesiones de fe. Los israelitas, antes de escribir, cantaron las victorias del Señor. Las tribus de Israel, mucho antes de tener libros inspirados oraron, suplicaron y lloraron; después, sus poetas y sabios se encargaron de recordar esos momentos con un lenguaje poético. Los profetas primero hablaron anunciando el mensaje de Dios y este más tarde se expresó por escrito. Jesús proclamó el evangelio del reino, al igual que sus discípulos, y después sus apóstoles lo vertieron en libros. En sentido figurado, podríamos decir que la Biblia, desde su infancia hasta que alcanzó la edad adulta, tuvo que pasar por varias etapas y diferentes soportes de escritura. Esto significa que desde que la Biblia se empezó y se terminó de escribir transcurrió un lapso aproximado de por lo menos catorce siglos. Aunque es difícil saber con exactitud quién escribió cada libro, de lo que sí podemos estar seguros es de que en su redacción intervinieron decenas de autores. A algunos se les puede identificar por sus nombres; otros fueron anónimos; pertenecieron a diferentes épocas y lugares; tuvieron variadas

¿CÓMO SE DICE BIBLIA EN ALGUNOS IDIOMAS?

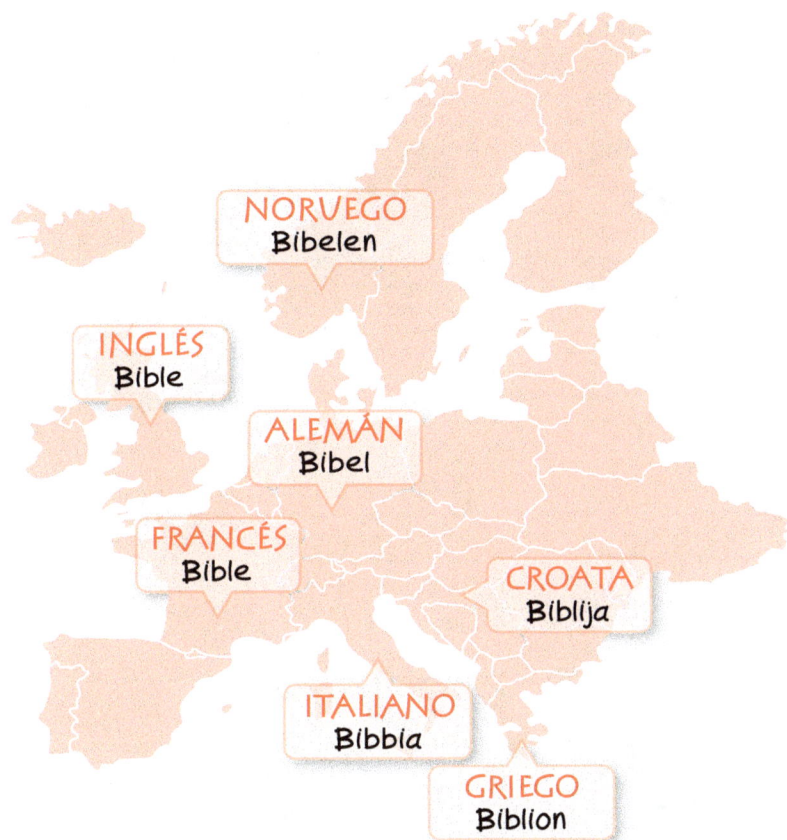

NORUEGO
Bibelen

INGLÉS
Bible

ALEMÁN
Bibel

FRANCÉS
Bible

CROATA
Biblija

ITALIANO
Bibbia

GRIEGO
Biblion

formas de pensar y de vivir; su condición social y cultural fue muy diversa: hubo campesinos, pastores, sabios, pescadores, sacerdotes, poetas y reyes, entre otros.

La Biblia ocupa un lugar único en la historia del libro impreso, y a lo largo del tiempo miles

En la Biblia se trata sobre una serpiente antigua que
habla y seduce para engañar.

de hombres y mujeres han dado su vida por el valor de su mensaje, su preservación y difusión. También ha sido rechazada, prohibida y destruida en distintas épocas y lugares hasta nuestros días.

¿Por qué se le llama Biblia? La palabra procede del griego y significa literalmente "los libros", y aunque en la actualidad la identificamos como un solo libro o volumen, en realidad está formada por muchos libros.

Desde que abrimos el primer libro, el Génesis —palabra que proviene del griego y significa principio u origen—, nos pone en contacto con un mundo muy antiguo y misterioso, el cual nos sugiere muchas preguntas, ya que desafía nuestras mentes modernas acostumbradas al lenguaje de la ciencia, la realidad virtual y las nuevas tecnologías.

Por ejemplo, leemos sobre una serpiente antigua que habla y seduce para engañar; un huerto paradisiaco bañado por un gran río que se ramifica en cuatro majestuosos y caudalosos brazos; seres angélicos llamados querubines; una espada encendida que cuida el Árbol de la vida; hombres que vivieron siglos, como Matusalén;

el arca de Noé, que sufrió los embates de las aguas impetuosas del diluvio; una imponente y soberbia edificación conocida como la torre de Babel, donde los hombres empezaron hablar en diversas lenguas sin poder entenderse unos con otros.

También nos habla de los inventores de oficios antiquísimos como la metalurgia, la música y la ganadería; de la marca misteriosa en la frente de Caín; de una época poblada por gigantes y seres extraordinarios; de la genealogía más antigua que se conoce de la raza humana; de ciudades que ya no existen, y del viaje que emprendió Abraham, padre del pueblo hebreo, desde la antigua ciudad de los caldeos, Ur, hacia

La torre de Babel

LA BIBLIA EN EL ARTE

SIGLOS II-III D.C.
Imagen del Buen Pastor,
catacumba de Priscila.

SIGLO XVI
Detalle de "La Creación",
fresco de la capilla
Sixtina, Miguel Ángel.

SIGLO XIII
Mosaico de la
Catedral de Santa
Sofía, Estambul.

SIGLO XVII
Rembrandt, pintor y
grabador holandés de
escenas bíblicas.

SIGLOS XVII-XVIII
Händel y Bach musicalizaron
textos bíblicos.

SIGLO XIX
Grabados de Gustave
Doré.

una tierra desconocida.

Y aunque existen diversas opiniones e interpretaciones acerca de todo esto y de otras historias más que nos cautivan cuando recorremos sus páginas, no debemos olvidar que de la Biblia hemos heredado gran parte de nuestros valores espirituales y morales, y las creencias y principios que guían nuestras vidas en nuestras acciones y maneras de pensar.

Por otro lado, la Biblia, además de ser la principal fuente y fundamento de grandes religiones como el judaísmo y el cristianismo, ha sido también el punto de partida e inspiración para muchas creaciones artísticas en la pintura, la escultura, la música y la literatura.

Poetas, novelistas y escritores de distintos lugares y épocas se han inspirado en ella. Es el libro que más se ha traducido —totalmente o en partes— a poco más de 2 400 idiomas. Por algo se le llama el *Libro de los libros*.

A pesar de que no fue escrita "de corrido", como solemos decir, y que

... una espada encendida que cuida el Árbol de la vida...

la mayoría de los que en ella intervinieron no se conocieron ni se pusieron de acuerdo para su redacción, todos contribuyeron para darnos a conocer el mensaje de amor, perdón, reconciliación y salvación de parte de Dios para todos los seres humanos.

La Biblia no se escribió por una decisión humana con la idea de expresar opiniones o puntos de vista acerca de Dios. Su composición fue posible gracias a la intervención especial y sobrehumana del Señor, el creador y dueño del universo, ya que Él quiso darse a conocer comunicándose en un lenguaje que todos los hombres pudieran entender a través de la escritura. La Biblia se ha preservado y transmitido hasta nuestros días —en el espacio como en el tiempo— en la forma de libro, una tecnología muy antigua que ha sobrevivido muchos siglos y que es muy apreciada por toda la humanidad.

Dios, habiendo hablado muchas veces y de muchas maneras en otro tiempo a los padres por los profetas, en estos últimos días nos ha hablado en el Hijo, a quien designó heredero de todo, por medio del cual hizo también el universo.

Hebreos 1:1-2 (RV1977)

¡Qué dulces son a mi paladar tus palabras! Son más dulces que la miel. Tus mandamientos me dan entendimiento,

¡Con razón detesto cada camino falso de la vida!

Tu palabra es una lámpara que guía mis pies y una luz para mi camino.

Salmo 119:103-105 (NTV)

CAPÍTULO 1

LA TRADICIÓN ORAL

LA BIBLIA
ANTES DE
SER ESCRITA

La historia que se registra en la Biblia ha sido llamada por muchos sabios y maestros "la historia de la salvación", el relato de cómo el hombre ha sido rescatado de su propio vacío y acciones que lo destruyen, para dirigirlo finalmente a un encuentro con Dios. Esta historia empieza con Abraham, padre de Isaac y abuelo de Jacob, de quienes proceden las doce tribus de Israel. Una de ellas fue Judá, cuna del pueblo judío, de cuyas entrañas y línea humana nace Jesús, el Cristo (el Mesías).

En la región de Mesopotamia se encontraba la antigua ciudad de Ur, que fue la tierra natal de Abraham, y de donde fue llamado por Dios a salir para emprender un viaje hacia una tierra que él no conocía, la tierra de Canaán, donde viviría como extranjero. (Toda esta región, desde

TRADICIÓN ORAL

Abraham sale de Ur

2000 A.C.   1900 A.C.

Jeroglíficos en Egipto

Mesopotamia hasta Canaán, se ubica en lo que se ha llamado la Media Luna fértil o Creciente fértil).

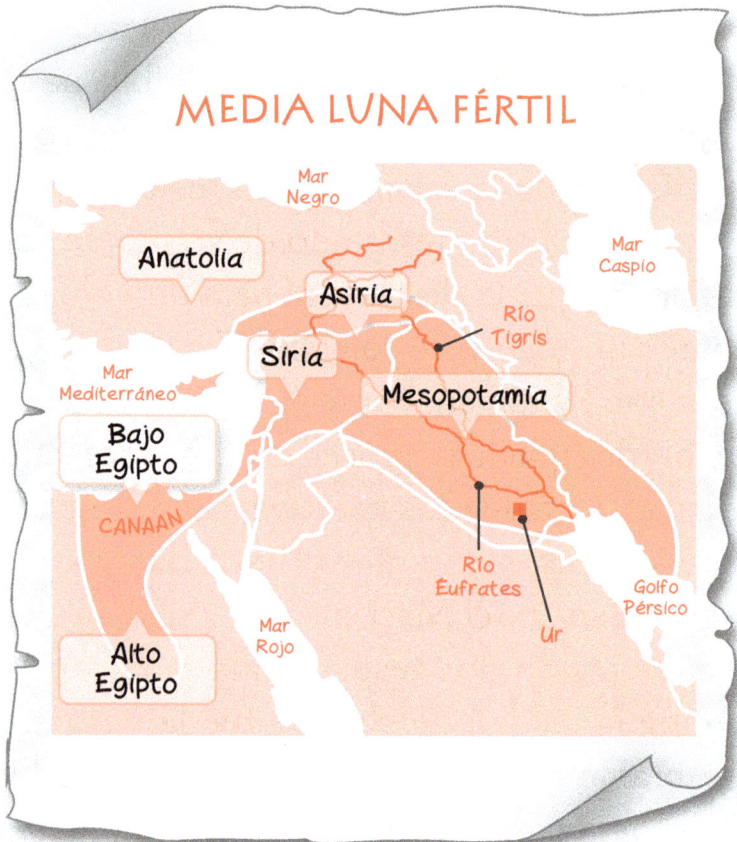

MEDIA LUNA FÉRTIL

Mar Negro

Anatolia

Asiria

Mar Caspio

Río Tigris

Siria

Mar Mediterráneo

Mesopotamia

Bajo Egipto

CANAAN

Río Éufrates

Golfo Pérsico

Ur

Mar Rojo

Alto Egipto

TRADICIÓN ORAL

Historia de Isaac

1800 A.C.

Escritura cuneiforme en Mesopotamia
Arcilla/cilindros de piedra y barro

Dios le prometió a Abraham algo único y especial: llevarlo a una tierra donde viviría como extranjero, pero que heredarían sus descendientes, los que formarían una gran nación que se convertiría en un medio de bendición para otros, de tal manera que en él llegarían a ser benditas todas las familias de la tierra. El Señor solo le pidió que le creyera, y Abraham le creyó; sin embargo, no entendió que para que eso sucediera tenían que transcurrir antes muchos siglos.

En la Biblia a Abraham se le conoce como el padre de la fe, porque es un ejemplo a seguir de cómo creerle a Dios. Pero, además, se complació tanto el Señor con él por su cercanía y obediencia, que fue llamado "amigo de Dios". Abraham era descendiente de Noé a través de Sem, de donde procede Taré, su padre. Esa es la razón por la que a él y a sus descendientes se les llama semitas, al igual que a muchos otros pueblos.

La época que inicia con el patriarca Abraham y sus descendientes —quienes vivieron durante siglos en las milenarias tierras egipcias— está relacionada con una de las primeras etapas

TRADICIÓN ORAL

Historia de Jacob

1700 A.C.

Miriam celebra la liberación con danzas y cantos

de la formación de la Biblia. En ese tiempo, todo lo que sucedía, y que mucho siglos después formaría parte del texto bíblico, se comunicaba de una persona a otra en forma oral, lo que significa que las historias eran narradas de padres a hijos y nietos. No es difícil imaginar una escena en la que las familias están reunidas en torno a una fogata y escuchan atentas al jefe de familia que habla de sus antepasados y de sus encuentros con Dios. Estos relatos —que poco a poco fueron tomando forma— empiezan cuando Abraham salió con Saraí, su esposa, de Ur, hasta que llegaron a Canaán, la tierra prometida. La tradición oral es muy importante en esta etapa de la formación de la Biblia. En ocasiones algunos objetos simbólicos como altares, monumentos de piedra y pozos, sirvieron para recordar sucesos relevantes y las vivencias con Dios. Incluso los nombres que les ponían a sus hijos, los lugares por donde pasaban o vivían, ciudades, ríos, montañas, árboles, estaban cargados de narraciones y recuerdos ancestrales.

TRADICIÓN ORAL

Las 12 tribus en Egipto
(430 años de esclavitud)

1700 A.C.

Los poemas también ocupan un lugar destacado como apoyo de la tradición oral. Antiguamente toda la poesía se cantaba, y cantarla muchas veces ayudaba a recordar con más facilidad los hechos y la palabra de Dios. En la Biblia quedó registrada una gran variedad de poesías asociadas a distintos episodios del recorrido de esta gran nación y la manera en que Dios intervenía a su favor.

Por ejemplo, el libro del Éxodo nos narra cómo inmediatamente después de que los hebreos cruzaron el mar Rojo entonaron un cántico (Éxodo 15), con el cual recordarían por muchas generaciones cómo el Señor los había salvado y rescatado de la esclavitud de Egipto. El canto no solo es una celebración de su victoria, sino también un testimonio de su pasado y su fe en Dios. La porción más antigua de este canto fue dirigida por Miriam, hermana mayor de Moisés, quien, con pandero en mano, con gran alegría salió danzando con las jóvenes diciendo: "Canten al Señor, que se ha coronado de triunfo arrojando al mar caballos y jinetes" (15:21 NVI).

TRADICIÓN ORAL

Las 12 tribus en Egipto
(430 años de esclavitud)

¡Se trataba de un gran acontecimiento, como muchos otros que se irían sumando! Habían sido esclavos 430 años en Egipto. Dios les había prometido a sus antepasados que vivirían en una tierra donde no les faltaría la comida y tendrían abundancia. Sus cargas se habían multiplicado, pero clamaron al Señor y tuvo compasión de ellos. Así, respondieron con fe y salieron de la "tierra de esclavitud" cuando el Señor les indicó el momento de hacerlo. Miles de hombres y mujeres con sus hijos salieron hacia la tierra prometida cruzando un terrible desierto.

En la época de Abraham ya existían medios de escritura en Egipto como los jeroglíficos: imágenes y símbolos grabados en piedra que representan ideas y sucesos; algunos también reproducen sonidos consonánticos. También la escritura cuneiforme (signos en forma de cuña que representan sonidos de sílabas) originaria de la región de donde salió el patriarca y que este probablemente leía. Sin embargo, lo que sabemos de él y sus descendientes nos ha llegado solo en lengua hebrea y a través de la escritura

TRADICIÓN ORAL

Las 12 tribus en Egipto
(430 años de esclavitud)

consonántica cuadrada, que fue empleada primero por los asirios y babilonios, y siglos después por los judíos.

En aquellos tiempos aún no existía el papel como soporte de escritura, es decir, como material para poder escribir, pero había otros elementos como la piedra, la arcilla, el papiro, y siglos después el pergamino, que sirvieron como medios materiales para registrar el pasado de Israel una vez que se empezó a escribir y se sustituyó la tradición oral. En la Biblia hay poco más de 400 referencias a la escritura relacionada con las cosas que Dios hizo y dijo. Porque si no se hubiera escrito, pasado el tiempo la tradición oral no hubiera logrado recordar tantos detalles que hoy conocemos, que edifican y consuelan nuestras almas.

TRADICIÓN ORAL

Las 12 tribus en Egipto
(430 años de esclavitud)

Soportes de escritura

Cuando hablamos de soportes de escritura nos estamos refiriendo a los distintos materiales que se han usado para escribir. Con los que estamos más familiarizados son el papel y los medios electrónicos y digitales, como las tabletas electrónica, que contienen muchos libros, incluso una Biblia completa.

La piedra

Hay varios textos que la mencionan. Tal vez con el que estemos más familiarizados sea el de las dos tablas de la Ley.

El Señor les dio a conocer su alianza que eran diez mandamientos que escribió en dos tablas de piedra y que les ordenó poner en práctica.

Deuteronomio 4:13 (DHH)

La piedra sirvió solo para algunas inscripciones y testimonios que debían estar muy presentes para los antiguos hebreos, porque

TRADICIÓN ORAL

Las 12 tribus en Egipto
(430 años de esclavitud)

¡imagínate lo que hubiera costado cargar una "Biblia de piedra"!

Cerámica o trozos de loza

Se usaban también fragmentos de cerámica rota para escribir textos cortos. Estos son conocidos como *ostracon*.

Metal

Se menciona pocas veces en la Biblia, y muchos pueblos de la antigüedad lo usaron. El bronce es el más destacado y sobre el cual se conserva el siguiente interesante testimonio en el libro deuterocanónico* de 1 de Macabeos (DHH) 8:22:

A continuación se copia la carta que escribieron en láminas de bronce y que enviaron a Jerusalén, para que allí se conservara un documento del convenio de paz [...] .

*Deuterocanónico significa "de un segundo canon o lista de libros". Así se les llama a los siete libros que aparecen en algunas versiones de la Biblia y que se incorporaron a la primera y más antigua traducción de esta que se hizo del hebreo al griego, conocida después como *Septuaginta* o versión de *los Setenta*.

El papiro

Es una planta que crecía en abundancia en Egipto en lugares muy húmedos y pantanosos. Sus tallos se cortaban y sobreponían en capas cruzadas hasta formar largas tiras que servían como pliegos para escribir. Fue uno de los materiales más comunes del mundo antiguo para la escritura, y se sabe que ya se conocía por lo menos 2 000 años antes de Cristo. En el libro de Job 8:11 encontramos esta pregunta relacionada con este material: "¿Crece el papiro donde no hay pantano?". (RVA)

Era tan importante esta planta que incluso tenía un uso comestible, servía para hacer muebles, embarcaciones, canastas y sandalias, entre otras cosas. De la palabra *papiro* procede la palabra *papel*. De su traducción al griego, *cartes* (hoja de papiro) proviene la palabra *carta*.

Biblion significa *rollo de papiro,* de donde deriva la palabra *biblia,* que podría traducirse también como *rollos de libros,* o como dijimos al principio de este capítulo, *los libros.*

El pergamino

El pergamino se hacía de piel —que podía ser de oveja, cabra o ternera—, a la que se le daba un tratamiento especial para que se pudiera escribir sobre ella. Se sumergía en un baño de cal para ablandarla, se le quitaban el pelo y la grasa por medio de un raspado, y finalmente se pulía con piedra pómez.

Su nombre se debe a la ciudad de Pérgamo, situada al norte de Éfeso (Asia Menor). Cuando Egipto —donde se encontraba la antigua Biblioteca de Alejandría— dejó de venderles papiro para su biblioteca, que competía con la de ellos, el rey Éumenes promovió su fabricación y uso en el siglo II a.C., logrando de esta manera sustituir con el tiempo el uso del papiro.

TRADICIÓN ORAL

Las 12 tribus en Egipto
(430 años de esclavitud)

Rembrandt

Rembrandt fue un pintor holandés que vivió en el siglo XVII. Artista extraordinario que a través de su arte nos transmitió sentimientos y estados de ánimo. Es uno de los pintores que con mayor frecuencia reprodujo su rostro: desde que era muy joven hasta llegar a viejo. Muchos de sus cuadros están inspirados en pasajes de la Biblia, como *Sansón y Dalila*, *Jesús con los discípulos de Emaús*, *El sacrificio de Isaac*. *El retorno del hijo pródigo* fue de sus últimas obras y es considerada por muchos expertos uno de sus mejores cuadros.

Georg Friedrich Handel

Fue un músico alemán que vivió entre los siglos XVII y XVIII, y es considerado una de las figuras cumbre de la música del Barroco. En el mundo de la música es muy reconocido por el género llamado *oratorio*, el cual consiste en una obra con coros y solistas acompañados de una orquesta. Por lo regular, los temas

TRADICIÓN ORAL

Las 12 tribus en Egipto
(430 años de esclavitud)

que se interpretan son sagrados y están relacionados con el ámbito espiritual y religioso. Handel compuso este tipo de obras inspirado en temas bíblicos. Se puede decir que les puso música a pasajes de la Biblia. Algunos ejemplos son *El Mesías*, con textos de diferentes libros del Antiguo y Nuevo Testamento que hablan de la venida de Jesús, e *Israel en Egipto,* que narra la salida de los hebreos de Egipto.

Mesopotamia

Mesopotamia significa *en medio de dos ríos*. Gran parte de esta extensión de tierra, regada principalmente por dos grandes ríos, el Tigris y el Éufrates, es donde se encuentra actualmente el país de Irak y en el que antiguamente también se encontraba Ur, patria del patriarca Abraham.

La Media Luna Fértil

Se le llamó Media Luna Fértil porque en un mapa se asemeja a una media luna. Esta abarcaría desde el valle del Nilo y la orilla oriental del Mediterráneo hasta el norte del desierto de Siria, y desde el norte de Arabia, toda Mesopotamia hasta el golfo Pérsico. Territorios que pertenecen a los actuales países de Egipto, Israel, la Franja de Gaza (Palestina) y Líbano, así como partes del río Jordán, Siria, Irak, el sudeste de Turquía y el sudoeste de Irán. Fue la cuna de muchos pueblos y civilizaciones de la antigüedad y escenario de gran parte de la historia bíblica.

La región de Mesopotamia es una zona de clima variado, donde la tierra fue siempre ideal para sembrar y cosechar. Esto ayudó para que grandes civilizaciones antiguas y numerosos pueblos surgieran en ese lugar, como la cultura sumeria, considerada la cuna de la civilización; posteriormente la acadia, y tiempo después extraordinarios imperios antiguos como los asirios, babilonios y persas.

TRADICIÓN ORAL

Las 12 tribus en Egipto
(430 años de esclavitud)

1500 A.C.

Maravillosos son tus testimonios; por tanto los ha guardado mi alma. La exposición de tus palabras alumbra, hace entender a los simples. Mi boca abrí y suspiré, porque deseaba tus mandamientos.

Mírame y ten misericordia de mí,

como acostumbras con los que aman tu nombre.

Salmo 119:129-132 (RV60)

CAPÍTULO 2
DE LA TRADICIÓN ORAL A LA TRADICIÓN ESCRITA

En el principio fue la palabra

"En el principio ya existía el Verbo (la Palabra)".

Así inicia el evangelista Juan su versión del Evangelio que lleva su nombre. El apóstol, después de afirmar que dicha Palabra es eterna por ser de Dios y estar en Él, agrega que esa misma Palabra se hizo hombre, refiriéndose así al nacimiento de Jesús de Nazaret. Podríamos declarar con toda reverencia que antes y después de que la Palabra de Dios encarnara en Jesucristo, se hizo también texto, palabras bien escritas y bellas, es decir, literatura.

La Biblia es un libro único porque tiene un origen divino y humano. Esto quiere decir que el Señor, de manera extraordinaria y especial, usó nuestras maneras de expresarnos, lenguas, escrituras y formas de conservarlas, como los

MOISÉS REGISTRA SUCESOS DE ISRAEL

1500 A.C.

Primeros testimonios de
escritura asonántica

libros, para comunicarnos su Palabra eterna. Inspiró su mensaje en la mente de instrumentos humanos para que escribieran sin error lo que él quería que no olvidaran nunca, para que fuera siempre un mensaje que les ayudara a enfrentar sus dificultades, dudas y temores, dando respuestas seguras y llenas de consuelo a las generaciones futuras que las seguirían leyendo.

Moisés con las tablas de la Ley

El Señor nos ha dado a conocer su Palabra por medio de un lenguaje humano, esto significa que se ha servido incluso de un "ropaje de bellas palabras" de distintas épocas y lugares. Esto lo podemos constatar desde el primer libro de la Biblia, el Génesis, el cual inicia con un hermoso poema que habla del origen de nuestro universo y habitación terrena.

Como ya lo habíamos dicho antes, la Biblia es una extensa colección de libros, la cual está dividida en dos grandes bloques o secciones que podrían identificarse como las Escrituras hebreas y griegas, si tomamos en cuenta la lengua original en la que se escribieron y la época. Estas también se conocen en los medios cristianos como Antiguo y Nuevo Testamento o Pacto, respectivamente; así se les empezó a llamar en los últimos años del siglo II d.C.

Las Escrituras del Antiguo pacto están integradas por tres partes, conocidas por sus nombres hebreos como *Torá*, *Nebi'im* y *Quetubim*. Su traducción más común sería: Ley, Profetas y Escritos. Actualmente, los libros que integran

LOS LIBROS DE LA BIBLIA

NUEVO TESTAMENTO
(27 LIBROS)

Evangelios (4)
Libro Histórico (1)
Libro Profético-
apocalíptico (1)
Cartas Paulinas (14)
Cartas Generales (7)

ANTIGUO TESTAMENTO
(39 LIBROS)

Libros Históricos (17)
Libros Poéticos (5)
Libros Proféticos (17)

estas tres secciones se pueden encontrar en una clasificación general diferente como: la Ley, Libros históricos, Profetas mayores y menores, Libros poéticos y de sabiduría.

Algunas versiones y ediciones incluyen los siete libros conocidos como deuterocanónicos (de un segundo canon o lista). Hay quienes se refieren a estos libros junto con el resto del Antiguo Testamento como el "canon largo".

MOISÉS REGISTRA SUCESOS DE ISRAEL

Entrega de la Ley en Sinaí

Éxodo de Israel

Conquista y posesión
de Canaán

1250 A.C.   1200 A.C.

¿Cómo y quiénes empezaron a escribirla?

En el primer capítulo aprendimos que la tradición oral fue el medio y la primera etapa de conservación de la Palabra de Dios para los antepasados de Israel, pero que después fue necesario conservarla también por escrito, porque de no haber sido así el recuerdo del pasado se habría diluido o alterado y no se hubiera podido recordar todo lo que se iba sumando a sus tantos siglos de historia.

Moisés es el primer personaje de quien se nos dice que empezó a escribir la historia del pueblo hebreo. La tradición judía y cristiana lo identifica como el autor de la *Torá* (Ley), la cual incluye los primeros cinco libros de la Biblia, razón por la que se le denominó posteriormente *Pentateuco*, palabra de origen griego que significa cinco estuches o libros. También se le ha llamado la Ley de Moisés. Desde antes de Cristo, "leer a Moisés" era una forma de referirse a esa primera sección de la Biblia.

CANTOS QUE PRESERVAN EL PASADO DE LOS ISRAELITAS

Época de los Jueces

1200 A.C.

Podríamos afirmar sin exagerar que Moisés fue a una de las mejores escuelas de su tiempo, ya que fue educado en Egipto, cuando esta era una nación muy poderosa y poseía los mejores conocimientos y la mejor tecnología de aquella época. Tan solo pensemos en las maravillosas pirámides que siguen de pie hasta nuestros días.

Hay un texto que nos habla de su instrucción. Moisés "fue agradable a los ojos de Dios […] e instruido en toda la sabiduría de los egipcios, y era poderoso en palabra y en obra" (Hechos 7:20-22 NVI). Esto nos permite saber que era un hombre muy preparado, con la capacidad intelectual y espiritual de parte de Dios para poder escribir muchas de las vivencias de Israel que él mismo presenció, así como muchas de las tradiciones orales que los hebreos habían contado por generaciones e información valiosa sobre diversos pueblos.

ENTONCES EL SEÑOR DIJO A MOISÉS:
"Escribe esto para que sea recordado en un libro".
Éxodo 17:14 (RV95)

אמה
אל־מֹשֶׁה כְּתֹב
זִכָּרוֹן בַּסֵּפֶר

Lo importante de este pasaje es la orden que le da el Señor de poner por escrito algo para recordarlo, para que no se olvide; podríamos llamarlo como una especie de libro de memorias.

En otro texto del mismo libro se nos dice que:

MOISÉS FUE Y REFIRIÓ AL PUEBLO
TODAS LAS PALABRAS Y DISPOSICIONES
[LEYES] DEL SEÑOR, Y ELLOS
RESPONDIERON A UNA VOZ:
"Haremos todo lo que el Señor ha
dicho".

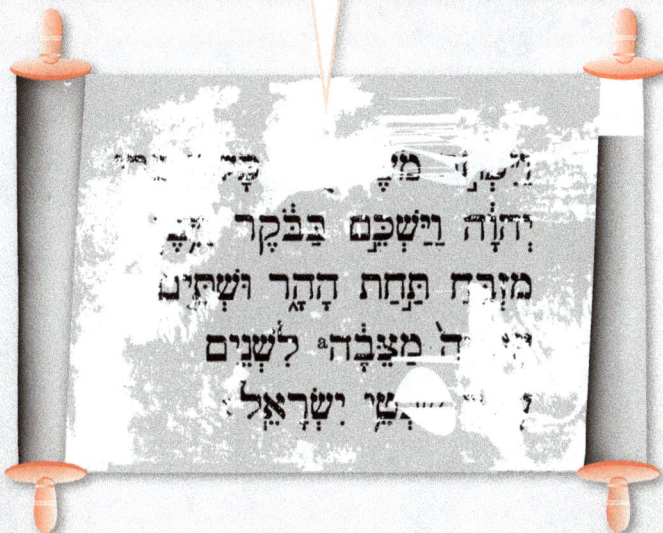

... כָּ... מִ...
יְהוָה וַיַּשְׁכֵּם בַּבֹּקֶר ...
מִזְרָח תַּחַת הָהָר וּשְׁתֵּי...
ה מַצֵּבָה לִשְׁנֵים...
...שֶׁר יִשְׂרָאֵל

Moisés puso entonces por escrito lo que el Señor había dicho [...]. Después tomó el libro del pacto y lo leyó ante el pueblo [...].

(24:3-4 NVI)

ÉPOCA DE LA MONARQUÍA

... escribió sobre grandes piedras ... copia de la Ley

Sería muy difícil citar aquí todos los textos que nos muestran que Moisés fue un gran escritor. No solo escribió las leyes y mandamientos que Dios le había dado para que su pueblo aprendiera a vivir mejor y lo conociera. También encontramos que "por mandato del Señor, Moisés anotaba cada uno de los lugares de donde partían y a donde llegaban" (Números 33:2 NVI).

Antes de que los israelitas entraran a la tierra que Dios les prometió, le ordenó a Moisés que le enseñara un cántico al pueblo y que lo escribiera: "'Ahora pues, escribe este cántico y enséñalo a los hijos de Israel' [...]. Moisés escribió este cántico aquel día y lo enseñó a los hijos de Israel" (Deuteronomio 31:19, 22 NVI). El canto es muy extenso, pero unas pocas líneas nos permiten disfrutar de su eterno mensaje en lenguaje poético.

[...] oye tierra las palabras de mi boca. Que caiga mi enseñanza como lluvia y desciendan mis palabras como rocío, como aguacero sobre el pasto nuevo, como lluvia abundante sobre plantas tiernas.

ÉPOCA DE LA MONARQUÍA

Proclamaré el nombre del Señor. ¡Alaben la grandeza de nuestro Dios! ¿Acaso no es tu Padre, tu Creador, el que te hizo y te formó? Recuerda los días de antaño; considera las épocas del remoto pasado. Pídele a tu padre que te lo diga, y a los ancianos que te lo expliquen.

Deuteronomio 32:1-3, 6-7 (NVI)

El canto ayudó a que, por generaciones, los israelitas recordaran las cosas más importantes de su pasado y la manera en que Dios los había conducido desde Egipto hasta la tierra prometida. Y también los animó a no perder su tradición oral porque les dice que no dejen de pedir a los padres y a los ancianos que les expliquen lo que ellos mismos vivieron.

Antes de morir, Moisés presentó a Josué ante el pueblo con la misión de que ocupara su lugar y los introdujera en su nueva tierra. Le encargó mucho que no se olvidara de leer y obedecer todo lo que había escrito para ellos. En realidad, no sabemos qué tan extenso era y qué estructura tenía ese libro, solo se nos dice que era "el Libro de la Ley".

Dios animó a su siervo Josué con estas palabras:

Solo te pido que tengas mucho valor y firmeza para obedecer toda la ley que mi siervo Moisés te mandó. No te apartes de ella para nada; solo así tendrás éxito dondequiera que vayas. Recita siempre el libro de la ley y medita en él de día y de noche; cumple con cuidado todo lo que en él está escrito. Así prosperarás y tendrás éxito.

Josué 1:7-8 (NVI)

Josué también fue escritor. Seguramente le enseñó su maestro, porque pasó mucho tiempo a su lado. Escribió sobre piedras muy grandes blanqueadas con cal una copia de la Ley como el Señor le había ordenado: "Y escribirás muy claramente en las piedras todas las palabras de esta Ley" (Deuteronomio 27:8 RV95). Antes de morir, Josué hizo un pacto con el pueblo para que se comprometieran a obedecer las palabras de Dios, y les dio otras ordenanzas, las cuales quedaron escritas por su propia mano en el libro de la Ley de Dios (Josué 24:26).

Después de la muerte de Josué transcurrieron poco más de dos siglos antes de que los israelitas tuvieran un rey. A ese tiempo se le conoce como la "época de los jueces", la cual se describe en un libro que lleva ese nombre de la siguiente manera: "En aquel tiempo no había rey en Israel y hacía cada uno lo que le venía en gana" (Jueces 17:6 La Palabra SBU). Fue una época de muchas dificultades y sufrimientos para los israelitas, porque desobedecieron al Señor y no observaron la ley escrita que heredaron de Moisés y Josué.

Pero Dios no se olvidó de ellos, ya que cada vez que clamaron por su ayuda Él los escuchó y les envió caudillos, hombres y mujeres valientes y esforzados que tomaron buenas decisiones y guiaron al pueblo a momentos de paz y victoria. A estos personajes se les llamó "los jueces".

En ese libro quedó registrado un canto que se considera de los más antiguos de la Biblia. Es la celebración de la profetisa y juez Débora, mujer sabia, valiente y llena de fe, quien con la ayuda del Señor salvó a las tribus de Israel de un peligro mortal. Es muy extenso, pero como decimos, "como muestra basta un botón":

¡Oigan reyes! ¡Escuchen gobernantes! Yo cantaré, cantaré al Señor; ¡tocaré música al Señor, el Dios de Israel! […] ¡Despierta, despierta, Débora! ¡Despierta, despierta y entona una canción! ¡Levántate, Barac!

Jueces 5:3,12 (NVI)

Esta etapa termina con Samuel, el profeta, juez y sacerdote, e inicia una nueva, porque a partir de ese tiempo los israelitas tuvieron una monarquía, es decir, fueron gobernados por reyes. Algunos de ellos no solo fueron fieles y buenos lectores de la ley de Moisés, sino que además se les reconoció como escritores, como el rey David, quien compuso muchos cantos y oraciones para el Señor. De todo eso hablaremos en el siguiente capítulo.

Todo el pueblo se reunió como un
solo hombre en la plaza que está
frente a la Puerta de las Aguas, y le
rogaron al escriba Esdras que llevara

el libro de la Ley de Moisés,

que el Señor le había dado al pueblo
de Israel (...) y desde el alba hasta
el mediodía lo leyó en la plaza (...).
La lectura de la ley se hacía con
mucha claridad, y se recalcaba todo
el sentido, de modo que el pueblo
pudiera entender lo que escuchaba.

Nehemías 8:1, 3,8 (RVC)

CAPÍTULO 3

LOS ESCRIBAS, HISTORIADORES DE LA ANTIGÜEDAD, Y LOS REYES DE ISRAEL

niciaremos este capítulo hablando del oficio de escriba, así sabrás por qué tuvieron una participación muy importante en la redacción de las Escrituras. Cuando los israelitas empezaron a tener reyes que los gobernaban, periodo que se conoce como "la monarquía", tuvieron más medios y condiciones que les permitieron reflexionar y escribir acerca de su pasado. Los reyes en su corte tenían cronistas y escribas, gente dedicada exclusivamente a escribir y a llevar un registro de las actividades más relevantes de los reyes y del pueblo. Se habla, por ejemplo, de familias de escribas (1 Crónicas 2:55) y que el rey David tenía a su servicio profesionales de la escritura como Seva y Sebna (2 Samuel 20:25; 2 Reyes 19:2).

UNA SOLA MONARQUÍA

Construcción del templo | División del reino

Rey David | Rey Salomón

1050 A.C. | 1000 A.C. | 950 A.C.

Los testimonios escritos se conservan en hebreo con escritura fenicia
Nacen los salmos de David y los proverbios de Salomón

Un escriba se dedicaba a conservar el pasado por medio de la escritura. El conocimiento del oficio se transmitía de generación en generación en las familias. No solo tenían que escribir bien, sino que, además, debían saber dónde encontrar la información y cómo organizarla para presentarla de manera ordenada y clara. Estos conocimientos los transmitían, a su vez, a sus hijos. Debemos tener presente que en aquel tiempo la inmensa mayoría no sabía leer ni escribir, y muchos que sabían leer no sabían escribir, ya que la escritura era un arte.

El rey David, segundo rey de la nación de Israel.
También fue poeta y escritor

Un escriba se dedicaba a conservar el pasado por medio de la escritura

El salmo 45:1 describe de manera poética la actividad de los escribas y nos ilustra con claridad en qué consistía su habilidad: "En mi corazón se agita un bello tema mientras recito mis versos ante el rey; mi lengua es como pluma de hábil escritor" (NVI).

Se dice que los proverbios de Salomón, hijo del rey David, fueron copiados por los varones del rey de Judá, Ezequías, quien vivió en el siglo VIII a.C. Pero, además, este rey ordenó que en el Templo se cantaran los salmos del rey David y de Asaf (2 Crónicas 29:30), lo cual nos sugiere que debieron ponerse por escrito para que se conservaran y fueran interpretados por las siguientes generaciones.

En la Biblia se han conservado dos versiones de los reyes que gobernaron el pueblo de Israel, el cual estaba dividido en dos reinos, el del norte y el del sur. Dichas versiones se encuentran en los libros Samuel y Reyes —escritos por cronistas y profetas—, y en el de Crónicas —escrito por escribas y sacerdotes—. Son dos formas distintas de ver el pasado y cada libro aporta aspectos distintos que se complementan. El libro de los Reyes se terminó de escribir cuando los judíos estaban aún cautivos en Babilonia, y el de las Crónicas cuando ya habían regresado a su tierra para restaurarla. Podemos deducir esta información a partir de la manera en que termina cada libro. En el primero se dice que han transcurrido casi cuarenta años desde que los judíos no están en su tierra y la historia se interrumpe cuando se narra que su rey salió de la cárcel. El de Crónicas termina con un final distinto, que nos cuenta que Ciro, rey persa, decreta que los judíos regresen a su tierra para restaurar el templo que había sido destruido

UNA SOLA MONARQUÍA

950 A.C.

900 A.C.

Estela de Masá (piedra con inscripción)
Hace mención del 2° rey 3:4-27

LOS LIBROS DEL ANTIGUO TESTAMENTO
(CANON LARGO Y CORTO)

Libros del Pentateuco
Génesis
Éxodo
Levítico
Números
Deuteronomio

Libros históricos
Josué
Jueces
Samuel I
Samuel II
Ruth
Crónicas I
Crónicas II
Reyes I
Reyes II
Esdras
Nehemías
Tobías*
Judith*
Esther
Macabeos I*
Macabeos II*

Libros sapienciales y poéticos
Job
Salmos
Proverbios
Eclesiastés
Cantar de los cantares
Sabiduría*
Eclesiástico*

Libros proféticos
Isaías
Lamentaciones
Jeremías
Baruc*
Ezequiel
Daniel
Oseas
Joel
Amós
Abdías
Jonás
Miqueas
Nahum
Habacuc
Sofonías
Ageo
Zacarías
Malaquías

*Libros incluidos en el canon largo, conocido también como Canon alejandrino.

UNA SOLA MONARQUÍA

850 A.C.   800 A.C.   750 A.C.

LOS LIBROS DEL NUEVO TESTAMENTO

Evangelios
Mateo
Marcos
Lucas
Juan

Hechos
Hechos de los
Apóstoles

Cartas paulinas
Romanos
1 Corintios
2 Corintios
Gálatas
Efesios
Filipenses
Colosenses
1 Tesalonicenses
2 Tesalonicenses
1 Timoteo
2 Timoteo
Tito
Filemón

Cartas generales
Hebreos
Santiago
1 Pedro
2 Pedro
1 Juan
2 Juan
3 Juan
Judas

Apocalipsis
(Revelación)

A PARTIR DEL S. VIII A.C. SURGEN LOS PROFETAS ESCRITORES (MAYORES Y MENORES)

Reino del norte Profetas Amós y Oseas	Profeta Isaías (740-700) Profeta Miqueas	Conquista de Samaria por los asirios (721)

750 A.C.   700 A.C.   650 A.C.

Tablillas en escritura cuneiforme
Relato asirio del diluvio (650)

por Babilonia, la nación que los hizo prisioneros. Estos sucesos ocurrieron en la segunda mitad del siglo VI a.C., momento muy importante para la historia de la Biblia, porque el pueblo judío contaba ya con gran parte de los libros que la integrarían por completo pocos siglos después.

El rey David, que fue el segundo rey de la nación de Israel, también fue poeta y escritor. Dios le había otorgado un don muy especial: ser un excelente músico y cantor, además de que inventaba instrumentos musicales. De los 150 salmos que conocemos, alrededor de 70 se le atribuyen a David, y en ellos se describen muchos aspectos de su vida y la amistad que tenía con Dios. Seguramente el más conocido y que incluso se ha tomado como una oración modelo para millones de creyentes de todo el mundo es el conocido Salmo 23.

LOS PROFETAS ESCRITORES (MAYORES Y MENORES)

Sofonías	Reforma del rey Josías y el
Habacuc	hallazgo del Libro de la Ley
Nahum	(622)

600 A.C.

Capítulo 36 de Jeremías nos narra cómo
se escribe su profecía

SALMO 23

El Señor es mi pastor, nada me falta; en verdes pastos me hace descansar.

Junto a tranquilas aguas me conduce; me infunde nuebas fuerzas.

Me guía por sendas de justicia por amor a su nombre.

Aun si boy por balles tenebrosos, no temo peligro alguno porque tú estás a mi lado; tu bara de pastor me reconforta.

Dispones ante mí un banquete en presencia de mis enemigos. Has ungido con perfume mi cabeza; has llenado mi copa a rebosar.

La bondad y el amor me seguirán todos los días de mi bida; y en la casa del Señor habitaré para siempre. (NVI)

PROFETAS ESCRITORES (MAYORES Y MENORES)

Ministerio del profeta Jeremías

600 A.C.

El rey Salomón, hijo de David, también fue un excelente escritor. Además de muchos proverbios, pensamientos y recomendaciones prácticas llenas de sabiduría, también se cree que escribió el *Cantar de los cantares*, un hermoso poema de amor, y el *Eclesiastés*, una profunda reflexión acerca de la vida vacía cuando no se tiene en cuenta a Dios. Se dice de él que "compuso tres mil proverbios y sus cantares fueron mil cinco". También disertó sobre los árboles —desde el cedro del Líbano hasta el hisopo que nace en la pared—, al igual que sobre los animales, las aves, los reptiles y los peces". (1 Reyes 4:32-33 [RV77]). Todo esto nos habla de un hombre dedicado a pensar, explicar y escribir sobre el mundo que lo rodeaba. Hoy lo consideraríamos un biólogo o un científico.

Durante la monarquía, que abarca poco menos de cinco siglos, y que inicia con el establecimiento del rey Saúl (1030 a.C.) y termina con la última y definitiva invasión de Babilonia a Judá, reino del sur, en 587 a.C., se desarrolló una importante actividad para poner por escrito su

PROFETAS ESCRITORES (MAYORES Y MENORES)

*Caída de Jerusalén
Cautiverio
babilónico (586)*

550 A.C.

pasado. Si sumamos a los libros de Samuel, Reyes y Crónicas los de los profetas que vivieron en ese periodo, descubriremos cómo en los dos reinos hubo una inquietud, inspirada por Dios, para conservar la memoria de su pasado, la cual sirvió como lección para las futuras generaciones y para que no repitieran los errores que habían cometido sus antepasados.

El rey Salomón frente a su templo

En la monarquía, además de los reyes que ya mencionamos, los escribas y cronistas que estaban a su servicio, también tienen una participación muy relevante los profetas, de quienes nos ocuparemos en el siguiente capítulo.

PROFETAS ESCRITORES (MAYORES Y MENORES)

CAPÍTULO 4

EL ANTIGUO TESTAMENTO Y LOS PROFETAS

אשר אנכי מצוה היום על לבבכ: ושננתם לבניכ ודברת אשר אנכי מצוה ה
תר בביתכ ובלכתכ בדרכ ובשכבכ ובקומכ: וקשרתם לאות על ידכ ובל
עיניכ והיו לטטפת בין עיניכ: וכתבתם על מזזות ביתכ ובשעריכ: למען ירבו ימיכ
ובשעריכ: והיה כי יביאכ יהוה אלהיכ אל הארצ אשר נשבע לאבתיכ
אשר נשבע לאבתיכ לאברהם ליצחק וליעקב לתת לכ ערים גדלת וטבת אשר לא בנ
לכ דשבת אשר לא בנית: ובתים מלאים כל טוב וברת חצובים א
מלאת וברת חצובים אשר לא חצבת כרמים וזיתים אשר לא נטעת ואכלת ושבעת: ה
נטעת ואכלת ושבעת: השמר לכ פן תשכח את יהוה אשר הוציאכ מא
אשר הוציאכ מארצ מצרים מבית עבדים: את יהוה אלהיכ תירא ואתו תעבד ובשמו תשבע: לא תלכו
תירא ואתו תעבד ובשמו תשבע: לא תלכון אחרי אלהים אחרים מאלהי העמים אשר סביבותיכם
אחרים מאלהי העמים אשר סביבותיכם: כי אל קנא יהוה אלהיכ בקרבכ פן יחרה אף יהוה
אלהיכ בקרבכ פן יחרה אף יהוה אלהיכ בכ והשמידכ מעל פני האדמה: ס לא תנסו את
פני האדמה: ס לא תנסו את יהוה אלהיכם כאשר נסיתם במסה: שמוע תשמרו את מצות
ישראל יהוה אלהינו יהוה אחד: ואהבת את יהוה אלהיכ ואהבת את יהוה אלהיכ
בכל לבבכ ובכל נפשכ ובכל מאדכ: והיו הדברים האלה אשר אנכי מצוכ היום על לבבכ: ושננתם לבניכ ודברת
אשר אנכי מצוה היום על לבבכ: ושננתם לבניכ ודברת אשר אנכי מצוה ה
תר בביתכ ובלכתכ בדרכ ובשכבכ ובקומכ: וקשרתם לאות על ידכ ובל
עיניכ והיו לטטפת בין עיניכ: וכתבתם על מזזות ביתכ ובשעריכ למען ירבו ימיכ
ובשעריכ: והיה כי יביאכ יהוה אלהיכ ובשעריכ: והיה כי יביאכ יהוה
אשר נשבע לאבתיכ לאברהם ליצחק וליעקב לתת לכ ערצ אשר נשבע לאבתיכ
לכ דשבת אשר לא בנית: ובתים מלאים כל טוב וברת חצובת אשר לא בנ
מלאת וברת חצובים אשר לא חצבת כרמים ובתים מלאים כרמים וזיתים א
נטעת ואכלת ושבעת: השמר לכ פן תשכח את יהוה אלה נטעת ואכלת ושבעת: ה
אשר הוציאכ מארצ מצרים מבית עבדים: את יהוה אשר הוציאכ מארצ מצ
תירא ואתו תעבד ובשמו תשבע: לא תלכו אחרי תירא ואתו תעבד ובשמ
אחרים מאלהי העמים אשר סביבותיכם: כי אל קנא יהוה אלהים אחרים מאלהי העמים
אלהיכ בקרבכ פן יחרה אף יהוה אלהיכ בכ והשמידכ מעל פני האדמה
פני האדמה: ס לא תנסו את יהוה אלהיכם על פני האדמה: ס לא תנסו את
ישראל יהוה אלהינו יהוה אחד: ואהבת את שמע ישראל יהוה אלהינו
בכל לבבכ ובכל נפשכ ובכל מאדכ: והיו הדברים האלה אשר אנכי מצוכ היום על לב
אשר אנכי מצוה היום על לבבכ: ושננתם לבניכ ודברת אשר אנכי מצוה ה
תר בביתכ ובלכתכ בדרכ ובשכבכ ובקומכ: וקשרתם לאות על
עיניכ והיו לטטפת בין עיניכ: וכתבתם על ידכ והיו לטטפת בין
ובשעריכ: והיה כי יביאכ יהוה אלהיכ ובשעריכ: והיה כי יביאכ יהו
אשר נשבע לאבתיכ לאברהם ליצחק וליעקב לתת לכ ערצ אשר נשבע לאבתיכ
לכ דשבת אשר לא בנית: ובתים מלאים כל טוב וברת חצובת אשר לא בנ
מלאת וברת חצובים אשר לא חצבת כרמים ובתים מלאים כרמים וזיתים א
נטעת ואכלת ושבעת: השמר לכ פן תשכח את יהוה אלה נטעת ואכלת ושבעת: ה
אשר הוציאכ מארצ מצרים מבית עבדים: את יהוה אשר הוציאכ מארצ מצ
תירא ואתו תעבד ובשמו תשבע: לא תלכו אחרי תירא ואתו תעבד ובשמ
אחרים מאלהי העמים אשר סביבותיכם: כי אל קנא יהוה אלהים אחרים מאלהי העמים
אלהיכ בקרבכ פן יחרה אף יהוה אלהיכ בכ והשמידכ מעל פני יהוה
פני האדמה: ס לא תנסו את יהוה אלהיכם על פני האדמה: ס לא תנסו את
ישראל יהוה אלהינו יהוה אחד: ואהבת את שמע ישראל יהוה אלהינו

niciaré este capítulo hablando de un rey niño. ¿Imaginabas que un día un niño se sentara a reinar en Jerusalén? Pues ese fue Josías, quien siendo aún niño (ocho años) heredó el trono de su padre. Josías fue un buen rey porque siempre buscó a Dios y estuvo preocupado por hacer todo de forma correcta y según su voluntad. Como las cosas estaban muy mal en su nación se dedicó a poner orden en ella. Cuando fue mayor dio instrucciones para que se reparara el templo. Mientras se llevaban a cabo los arreglos, un día encontraron el libro de la ley de Dios que le había dado a Moisés. Increíble, pero cierto. No solo habían olvidado la ley, sino que habían perdido el libro mismo. Es como si alguien perdiera su Biblia y no se preocupara.

LA MAYOR PARTE DE LOS LIBROS QUE CONFORMAN
EL ANTIGUO TESTAMENTO TERMINAN DE ESCRIBIRSE Y EDITARSE

Cautiverio
babilónico
Profeta Ezequiel

Babilonia es
conquistada por los
persas (539)

Ciro, rey persa
Retorno de los judíos a su
tierra (538)

550 A.C.

500 A.C.

Los judíos conservan sus escritos en el formato
de "rollo de papiro" y escritura asirio-babilónica o cuadrada

Este acontecimiento es muy importante, porque Josías se sintió muy conmovido por lo que advertía la ley si ellos se olvidaban de Dios, como realmente había sucedido durante mucho tiempo. Así que ordenó que consultaran a Hulda, la profetisa, acerca de ese asunto.

¿Pero quién era un profeta y por qué debían consultarlo?

El autor de la Carta a los Hebreos inicia así su texto:

En tiempos antiguos Dios habló a nuestros antepasados muchas veces y de muchas maneras por medio de los profetas.

Hebreos 1:1 (DHH)

Un profeta en la Biblia es un personaje que habla en lugar de otra persona; en este caso se trata de alguien que fue preparado y conducido por Dios para comunicarnos su palabra. El profeta es portador de un mensaje divino, de la Palabra de Dios.

El apóstol Pedro escribió:

LA MAYOR PARTE DE LOS LIBROS QUE CONFORMAN
EL ANTIGUO TESTAMENTO TERMINAN DE ESCRIBIRSE Y EDITARSE

Profetas Hageo/
Zacarías (520)

Esdras (Libro de la Ley), 457
Nehemías

500 A.C.

450 A.C.

Porque los profetas nunca hablaron por iniciativa humana, al contrario, eran hombres que hablaban de parte de Dios, dirigidos por el Espíritu Santo.

2 Pedro 1:21(DHH)

Esto significa que fueron ayudados por Dios de una manera especial y extraordinaria en sus pensamientos y en la forma de hablar y escribir, para poder comunicar con verdad y sin error lo que tenían que decir, no solo a la gente de su tiempo sino también a nosotros y a todos los que por muchas generaciones han leído su mensaje, el cual quedó registrado en las Escrituras.

Hulda la profetisa le mandó decir a Josías que como se conmovió, lloró y humilló delante de Dios al oír lo que estaba escrito en el Libro de la Ley, Dios lo había escuchado y moriría en paz. La profetisa Hulda, como muchos otros profetas que se mencionan en la Biblia, cumplieron con la tarea de comunicar lo que Dios les inspiraba. Otros no solo hablaron, sino que también escribieron sus mensajes, por lo que los israelitas y los judíos en su momento coleccionaron estos

El profeta Isaías

libros, creando así una sección de la Biblia que se conoce como "los profetas". Por eso en muchos textos se habla de "la ley y los profetas".

A estos últimos bien podríamos llamarlos profetas escritores, y se les ha dividido en mayores y menores. ¿Se les llamó así por su edad o estatura moral y espiritual? No fue por esas razones, sino porque unos escribieron libros muy extensos y otros libros más cortos.

Estos libros también podrían estudiarse tomando en cuenta el lugar particular donde hablaron, ya sea el reino del norte o del sur, o la época, ya que algunos vivieron antes de que los dos reinos fueran destruidos, y otros después del retorno de los judíos del cautiverio babilónico a su tierra.

A continuación se ofrecen unos ejemplos de lo anterior, porque hablar de cada uno de ellos ocuparía mucho espacio.

Isaías

Hablemos de Isaías, el primero al que se le identifica como profeta mayor. Su libro se cita mucho en el Nuevo Testamento y contiene muchos textos que hablan de la venida de Jesús de Nazaret, los cuales se cumplieron de forma extraordinaria. Hay dos aspectos que podemos resaltar de él como profeta escritor. El primero es que Dios mismo le dio la orden de escribir su mensaje de la siguiente manera: "Toma una tabla grande y escribe en ella, con letras comunes y corrientes". Isaías 8:1(DHH), que podría interpretarse como "letras legibles para todos". Este detalle es muy importante, porque nos muestra que Dios quiere que su mensaje se entienda y sea claro para todos. El otro aspecto es que los nombres de sus hijos tenían un significado que se relacionaba con las palabras que le predicaba

PERIODO ENTRE LOS DOS TESTAMENTOS

Grecia conquista Persia
Alejandro Magno(331-323)

350 A.C.   300 A.C.

al pueblo. Al primero lo llamó Maher-salal-hasbaz, que significa "Veloz es el botín, rápida es la presa", para advertirles que algunos años después de su nacimiento, el rey de Asiria despojaría de sus riquezas al reino del norte.

Jeremías

Otro profeta del que nos ocuparemos es Jeremías, quien en su libro, que lleva su nombre, nos dejó datos muy interesantes acerca de cómo escribió su mensaje, especialmente el capítulo 36.

Solo resaltaremos algunos detalles. El primero es que Dios mismo, al igual que sucedió con Isaías, le ordena que ponga por escrito su mensaje, el cual llevaba ya muchos años predicando —desde la época del rey Josías— en Jerusalén y sus alrededores. Dios fue muy específico al decirle cómo debía hacerlo, pues le dijo:

PERIODO ENTRE LOS DOS TESTAMENTOS

Se traduce el Antiguo Testamento en griego
(Septuaginta), conocido también como Versión de
los LXX, en Egipto (Alejandría)

250 A.C.   200 A.C.

Gobierno de Ptolomeo

El profeta Jeremías

Toma un rollo en blanco y escribe en él todas las palabras que te he hablado [...] Llamó Jeremías a Baruc, hijo de Nerías, y escribió Baruc en un rollo en blanco, dictadas por Jeremías, todas las palabras que el Señor le había hablado.

Jeremías 36:2-4 (RV 95)

Llama la atención que se mencione el tipo de material que se usó para escribir, es decir, un rollo en blanco, lo cual hace suponer que se trataba de papiro, ya que por aquella época todavía no se usaba el pergamino que, como recordarás, era piel de animal. Pero, además, el profeta tenía su propio secretario o escriba, a quien le dictaba su mensaje, el cual, según leemos, le llevó poco más de un año terminar de escribir. Jeremías era un dictador, en el buen sentido de la palabra. Pero, además, de la Palabra que Dios mismo le había inspirado en su mente y corazón.

Más adelante nos enteramos de que después de que Baruc le leyó el mensaje al pueblo, le pidieron: "Cuéntanos ahora cómo escribiste de boca de Jeremías todas estas palabras". Baruc les respondió: "Él me dictaba en voz alta todas estas palabras y yo las escribía con tinta en el

Otro profeta llamado Amós, quien era un hombre del campo, un pastor sencillo, lo dijo de manera poética al afirmar: "Si el león ruge, ¿quién no temerá?

libro" (Jeremías 36:17-18 RV 60).

Pero cuando le leyeron al rey Joacim el libro de Jeremías no le gustó, y conforme le iban leyendo las columnas del texto rasgaba el rollo y echaba el pedazo a un bracero encendido, hasta que se quemó todo.

Eso fue terrible. Destruir un libro solo porque no le gustó lo que decía. Este lamentable hecho no solo ilustra cómo desde que se empezó a escribir la Biblia fue rechazada, perseguida y destruida por mucha gente que no quería ser confrontada por su mensaje, sino que también forma parte de la historia de la destrucción de los libros, al considerarlos, por ignorancia o prejuicio, peligrosos para quienes los leyeran.

A pesar de que el libro había sido quemado, eso no impidió que se volviera a escribir, porque el autor seguía vivo y de nuevo recibió la orden de parte del Señor de volver a escribirlo.

"Vuelve a tomar otro rollo y escribe en él todas las palabras primeras que estaban en el primer rollo que quemó Joacim, rey de Judá". Tomó, pues, Jeremías otro rollo y lo dio a Baruc, hijo de Nerías, escriba; y escribió en él, dictadas por Jeremías, todas las palabras del libro que quemó en el fuego Joacim, rey de Judá. Y aun fueron añadidas sobre ellas muchas otras palabras semejantes.

Jeremías 36:28, 32 (RV95)

Esto último que describe el libro de Jeremías, otro profeta llamado Amós, quien era un hombre del campo, un pastor sencillo, lo dijo de manera poética al afirmar: "Si el león ruge, ¿quién no temerá? Si habla el Señor, ¿quién no profetizará?". Amós 3:8 (RV 77).

Lo que significa que mientras Dios,

---

representado por un león rugiente, hable o comunique un mensaje, tendrá también un medio, en este caso un mensajero o profeta, que
comunique su Palabra en forma oral o escrita.

Lo que leemos sobre Jeremías nos puede
dar una idea de la manera en que otros profetas escribieron sus libros y de que tuvieron que
enfrentar dificultades parecidas para que su
mensaje fuera registrado en forma de texto, el
que, pasado el tiempo, se fue copiando muchas
veces. Esto explicaría por qué hasta el día de
hoy existen miles de copias a mano (manuscritos en papiro y pergamino) de las Escrituras de
la Biblia completa.

De lo anterior vemos que a lo largo de los siglos se fueron sumando poco a poco estos libros
hasta formar una colección de escrituras, las cuales fueron reconocidas por el pueblo de Israel
como el testimonio del mensaje que les traería
esperanza, consuelo y salvación si creían en él.

Cuando los judíos regresan de Babilonia a
Jerusalén para restaurar su templo y habitar de
nuevo sus tierras, ya tenían la mayor parte de

PERIODO ENTRE LOS DOS TESTAMENTOS

150 A.C.

Surge el pergamino
Rey Eumenes de Pérgamo
(197-159)

los libros que conformarán sus Escrituras inspiradas. En el libro de Nehemías se nos narra un detalle interesante que sucedió en el siglo V a.C. Se trata de una oración que hicieron los levitas después de leer la Ley del Señor. En esa oración, por su contenido que quedó registrado en el capítulo 9 del Libro de Nehemías, se hace alusión a la mayor parte de los libros del Antiguo Testamento. Cada una de las frases que se dicen se relaciona con un libro de la Biblia, desde el Génesis, o bien con una sección de esta, como la época de los jueces o la monarquía, incluyendo a los mismos profetas.

Introducción al Nuevo Testamento

¿Qué "Biblia" leyó Jesús?

¿Te habías preguntado alguna vez cómo era esa Biblia? ¿Todos los judíos de su época contaban con la posibilidad de tener una copia?

El médico e historiador Lucas nos dice en la investigación que hizo de la vida de Jesús que:

Un día fue el Señor a Nazaret, donde se había criado, y un sábado entró a la sinagoga [donde los judíos acostumbraban a reunirse para orar y leer sus Escrituras] como era su costumbre. En aquella ocasión se levantó para hacer la lectura, y le entregaron el libro del profeta Isaías. Al desenrollarlo, encontró el lugar donde estaba escrito: "El Espíritu del Señor está sobre mí, por cuanto me ha ungido para anunciar buenas nuevas a los pobres. Me ha enviado para proclamar libertad a los cautivos y dar vista a los ciegos, a poner en libertad a los oprimidos, a pregonar el año del favor del Señor". Luego enrolló el libro, se lo devolvió al ayudante y se sentó. Él desde su lugar comenzó a hablarles: "Hoy se cumple esta Escritura en presencia de ustedes".

Lucas 4:14-21 (NVI)

PERIODO ENTRE LOS DOS TESTAMENTOS

100 A.C.

Si hoy alguien te pregunta: "¿Qué Biblia acostumbras leer?" es probable que tus respuestas sean algo así como: Reina Valera 60, NVI, Lenguaje Actual, Dios habla hoy, la Latinoamericana, la Biblia de Jerusalén, etcétera. Tus posibles respuestas estarían haciendo

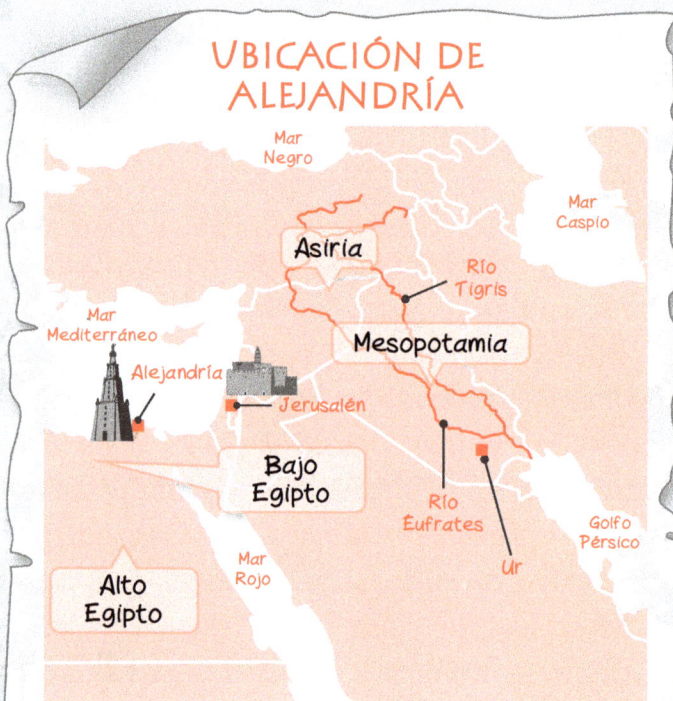

UBICACIÓN DE ALEJANDRÍA

Mar Negro

Mar Caspio

Asiria

Río Tigris

Mar Mediterráneo

Mesopotamia

Alejandría

Jerusalén

Bajo Egipto

Río Éufrates

Golfo Pérsico

Ur

Mar Rojo

Alto Egipto

PERIODO ENTRE LOS DOS TESTAMENTOS

Pompeyo (Roma) toma Jerusalén (63)

referencia a una traducción en particular, o incluso tal vez dirías que lees una "Biblia cristiana" o "católica".

En el caso de Jesús, la información que nos aporta Lucas es muy importante. En primer lugar descubrimos que se le dio a leer "el libro del profeta Isaías", el cual ¡enrolló y desenrolló! Algunas traducciones solo dicen que lo abrió y cerró. Este dato nos deja saber que los "libros" en ese tiempo tenían un formato de "rollo". Hoy sabemos que podía uno encontrarlos en dos tipos de material, o soportes de escritura: en papiro o pergamino. Pero, además, todos los libros que conforman en ese momento las Escrituras del pueblo judío y que tiempo después los cristianos llamarían *Antiguo Testamento*, aún no estaban integrados en un solo volumen, lo que para nosotros sería un "solo libro", tal como lo conocemos y usamos.

También sabemos que para entonces las Escrituras de los judíos estaban en lengua hebrea, con algunas porciones en arameo, y que además ya circulaba la primera y más antigua traducción de las mismas a la lengua griega, la

PERIODO ENTRE LOS DOS TESTAMENTOS

Pompeyo (Roma)
Toma de Jerusalén (63)

50 A.C.

Gobierno romano

cual conocemos hoy con el nombre de *Versión de los setenta* o *Septuaginta*, porque según la tradición había sido traducida por setenta y dos sabios y escribas judíos que viajaron de Jerusalén a la antigua ciudad de Alejandría (en el norte de Egipto) para realizar su traducción. Esa traducción la leían los judíos que solo entendían la lengua griega.

El pasaje de Lucas no indica que esa sea la traducción que Jesús leyó aquel día. Lo más probable es que se tratara de un texto en hebreo. En cuanto a los libros que Jesús leía y conocía, el mismo evangelista nos da una información relevante al respecto. Al final de su evangelio nos narra el encuentro de Jesús, después de su resurrección, con unos discípulos, conocidos como *los discípulos de Emaús,* a quienes les recordó todo lo que estaba escrito acerca de él en la "Ley de Moisés, en los profetas y los Salmos" (Lucas 24:44). Esta división de las Escrituras en tres partes nos permite saber lo que Jesús leía, conocía y enseñaba.

Con todos estos datos tan interesantes podríamos, con toda seguridad, hacernos una idea

LOS IDIOMAS DE LA BIBLIA: ARAMEO, HEBREO Y GRIEGO

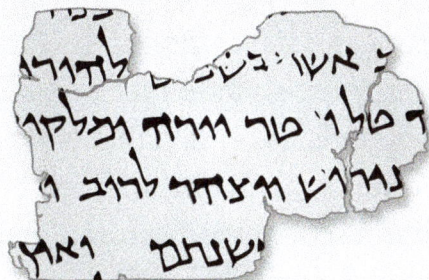

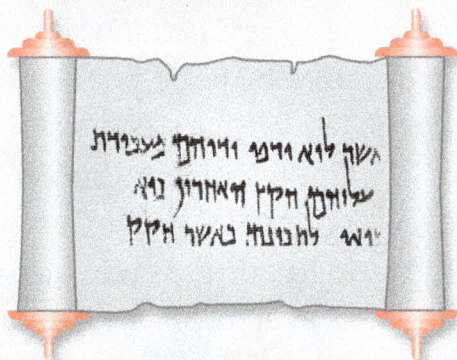

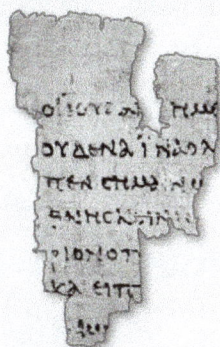

PERIODO ENTRE LOS DOS TESTAMENTOS

Gobierno romano

de qué Biblia leía Jesús. Los judíos no llevaban su Biblia en las manos cuando iban a la sinagoga, como nosotros hacemos hoy cuando asistimos a nuestra iglesia; tampoco nuestro Señor, ya que el texto antes citado dice que devolvió el libro del profeta Isaías que había leído. Sin embargo, aunque llegaban sin un libro o un texto y solo podían escuchar su lectura, los primeros creyentes en Jesús "tenían ya un libro", o Biblia, en rollos de papiro o pergamino, cuya lectura escuchaban de labios de Jesús, sobre todo cuando decía, como aquel día: "Este pasaje de las Escritura se ha cumplido hoy mismo en presencia de ustedes", porque Jesús vino a ser el cumplimiento de todo lo que esos rollos contenían.

A continuación veremos la historia de cómo se escribió lo que hoy conocemos como el Nuevo Testamento, parte fundamental de la fe cristiana y de todos los que hemos creído y creemos en Jesús como nuestro Salvador y Señor de nuestras vidas.

PERIODO ENTRE LOS DOS TESTAMENTOS

Gobierno romano

CAPÍTULO 5

CÓMO NACIERON LOS EVANGELIOS

Sabías que "evangelio" significa "Buena noticia"? Así se llaman los primeros cuatro libros del Nuevo Testamento. Esta segunda gran colección de Escrituras se escribió en un periodo aproximado de poco más de cincuenta años. Los cuatro evangelios son conocidos por los nombres de quienes, según la tradición de los primeros cristianos, los escribieron: Mateo, Marcos, Lucas y Juan.

Pero ¿por qué se les llama Evangelios? Porque nos cuentan acerca de la "Buena noticia" que anunció Jesús a toda la humanidad. De cómo Dios se ha acercado a nuestras vidas para darnos a conocer su amor y salvación.

Cada escritor, al que también se le denomina evangelista, nos narró lo más destacado de

TRADICIÓN ORAL DEL NUEVO TESTAMENTO

Ministerio de Jesús
Predicación del Evangelio en arameo

0   30 D.C.   50 D.C.

Ya existen las Escrituras, que en el segundo siglo se nombrarán como Antiguo Testamento
En el Evangelio de Lucas se citan como "Ley de Moisés, profetas y salmos" (24:44)

El evangelista Mateo

la vida de Jesús desde distintos aspectos que se complementan. Sus evangelios no son biografías detalladas, pero contienen información suficiente que nos permite saber cómo fue el nacimiento del Señor, algo de su infancia, el inicio de su misión, su mensaje, pasión, muerte y resurrección. Son historias y testimonios de fe que nos invitan a conocerlo para creer en Él y seguir sus pasos.

Aunque los evangelios abren esta segunda sección de las Escrituras, no se escribieron antes de los demás libros que siguen, como las cartas escritas por distintos apóstoles. Sin embargo, nos ocuparemos de ellos antes porque fue lo primero que sucedió en esta gran historia que nos narra el origen de nuestra fe y salvación.

Aunque no se tiene una fecha exacta del nacimiento de cada evangelio, se ha propuesto que tal vez el más antiguo sea el de Marcos, después los de Mateo, Lucas y Juan, escritos entre los años 65 y 95 de nuestra era, aproximadamente. Ninguno de ellos se escribió en vida de Jesús sino después de su muerte y resurrección.

Por el contenido de los Evangelios nos podemos dar una idea de las razones que tuvieron para escribir y cómo lo hicieron. De los cuatro evangelistas, Lucas fue el único que al principio de su libro nos dio detalles de cómo y por qué lo empezó a escribir, no sin antes reconocer que otros personajes ya estaban intentando hacer lo mismo que él:

INICIA LA ETAPA TEXTUAL DEL NUEVO TESTAMENTO

El apóstol Pablo escribe su Primera Carta a los tesalonicenses
(Epístolas de Pablo, Pedro, Juan y universales)

50 D.C.   60 D.C.

Los primeros documentos del Nuevo Testamento se escriben
originalmente en griego sobre papiro

Muchos han intentado hacer un relato de las cosas que se han cumplido entre nosotros.

Lucas 1:1 (NVI)

Aunque no nos da los nombres de quienes ya se estaban ocupando de lo mismo, muchos suponen que probablemente algún otro evangelio, posiblemente el de Marcos, ya se había escrito, y que él mismo lo pudo haber consultado y tomado algo del mismo .

En cuanto a las razones para escribirlo, es muy claro cuando le dice a su destinatario que lo hizo para que "conociera la verdad de las cosas en

INICIA LA ETAPA TEXTUAL DEL NUEVO TESTAMENTO

Se escriben los cuatro Evangelios canónicos y el
Libro de los Hechos de los Apóstoles

El evangelista Juan

las cuales había sido instruido" (1:4 RVA); para que las cosas que había escuchado acerca de Jesús directamente de algún predicador y las había creído, ahora las tuviera por escrito para que las pudiera consultar y leer cuantas veces quisiera.

Lucas, además de médico, era historiador, y por lo tanto un excelente buscador de información, que se dio a la tarea de consultar cuantas fuentes escritas existieran acerca de Jesús, pero también los testimonios orales de quienes lo conocieron, estuvieron con Él y predicaron su mensaje desde el principio. Fue por eso que escribió: "Tal y como nos las transmitieron los que desde el principio fueron testigos presenciales y servidores de la palabra" (1:2 NVI).

No se sentó y empezó a escribir de repente algo sin pies ni cabeza. Primero se dedicó a investigar todo lo que tuvo a su alcance para poder escribir una historia ordenada. Fue algo así como el reportero de Dios, que dio a conocer a todo el mundo la gran noticia de la llegada a este mundo del Salvador.

Con el tiempo, las narraciones de los cuatro evangelios se convirtieron en inspiración para muchos artistas. No solo pintaron cuadros con escenas de la vida del Señor, como Rembrandt y otros más, sino que también los mismos evangelios se llegaron a ilustrar.

Al igual que el Antiguo Testamento, esta parte de los evangelios también tuvo su etapa de transmisión oral, aunque mucho más corta. Cuando se empezó a escribir el primer evangelio habían transcurrido poco más de treinta años de la resurrección y ascensión de nuestro Salvador. Después, sus discípulos predicaron el mensaje del evangelio en lengua aramea y se terminaron escribiendo, al igual que el resto de los libros de esta sección, en lengua griega, puesto que era un idioma que se hablaba en

TERMINA LA ETAPA TEXTUAL DEL NUEVO TESTAMENTO

Libro del Apocalipsis

muchas partes del mundo de aquella época, como ahora sucede con el inglés. Al usar este idioma como vehículo de sus escritos, lo que pretendían era que su mensaje llegara a muchas personas.

Pero antes de que se empezaran a escribir los cuatro evangelios, y con el objetivo de conservar y transmitir las enseñanzas de Jesús, empezaron a surgir colecciones de palabras o dichos de Jesús, que muy probablemente se fueron agrupando por temas, como sus milagros, parábolas, pequeños discursos, frases y enseñanzas en general.

Un ejemplo de esto último lo tenemos en un discurso del apóstol Pablo, que se recoge en el *Libro de los Hechos*, que escribió Lucas, donde nos narra cómo nació la Iglesia de los primeros discípulos. En él se citan unas palabras que dijo Jesús, pero que no aparecen en ningún evangelio.

Con mi ejemplo les he mostrado que es preciso trabajar duro para ayudar a los necesitados, recordando las palabras del Señor Jesús: hay más dicha en dar que recibir.

(Hechos 20:35 NVI).

TERMINA LA ETAPA TEXTUAL DEL NUEVO TESTAMENTO

El evangelista Marcos

Esto confirma que había dichos o palabras que circulaban y que algunas quedaron registradas en los evangelios y otras no, pero eran conocidas por muchos. Por eso otro evangelista, Juan, llamado también el discípulo amado, escribió lo siguiente: "Hizo además Jesús muchas otras señales en presencia de sus discípulos, las cuales no están escritas en este libro". Cuando termina su evangelio nos deja saber que, aunque estuvo con Jesús y lo escuchó de viva voz, habría sido imposible registrar cada detalle de su vida. Imagínate haber registrado poco más de mil días de actividad —sin contar los años de su infancia y juventud— con todos los detalles, desde que se levantaba hasta que se dormía, el contenido completo de sus enseñanzas. Por eso solo se nos ha transmitido una pequeña parte, pero esencial para nuestra fe.

> Este es el discípulo que da testimonio de estas cosas, y escribió estas cosas; y sabemos que su testimonio es verdadero. Hay también otras muchas cosas que hizo Jesús, las cuales, si se escribieran una por una, pienso que ni aun en el mundo cabrían los libros que se habrían de escribir. Amén.
>
> Juan 20:30; 21:24-25 (RV95)

Sin embargo, a pesar de la abundancia de información, cada escritor, inspirado por el Espíritu Santo, siempre supo qué aspectos, detalles,

TERMINA LA ETAPA TEXTUAL DEL NUEVO TESTAMENTO

enseñanzas o cualidades del Señor quería comunicarnos. Eso se ve en la manera en que arre-
glaron todo de principio a fin. El mismo Juan
nos dice: "Pero estas se han escrito para que
ustedes crean que Jesús es el Cristo, el Hijo de
Dios, y para que al creer en su nombre tengan
vida" Juan 20:31 (NVI).

La intención y propósito de cada escritor es
transparente de principio a fin. Juan, por ejemplo, no nos habla de la infancia de Jesús, como
sí lo hacen Mateo y Lucas; sin embargo, inicia
su evangelio diciéndonos que Jesús es la Palabra
eterna, que estaba con Dios y que era Dios y
que se hizo hombre (Juan 1:1,14). En cambio,
Mateo inicia con una genealogía, esto es, una
lista donde aparecen sus antepasados, como
una especie de árbol genealógico, para demostrarnos que el Señor era descendiente del rey
David, aquel hijo prometido por Dios que se
sentaría a reinar eternamente, no solo en Israel
sino en el corazón de todo creyente.

Lucas, por su parte, también nos ofrece otra
genealogía, aunque un poco distinta —y en

TERMINA LA ETAPA TEXTUAL DEL NUEVO TESTAMENTO

GENEALOGÍA DE JESÚS DESDE DAVID

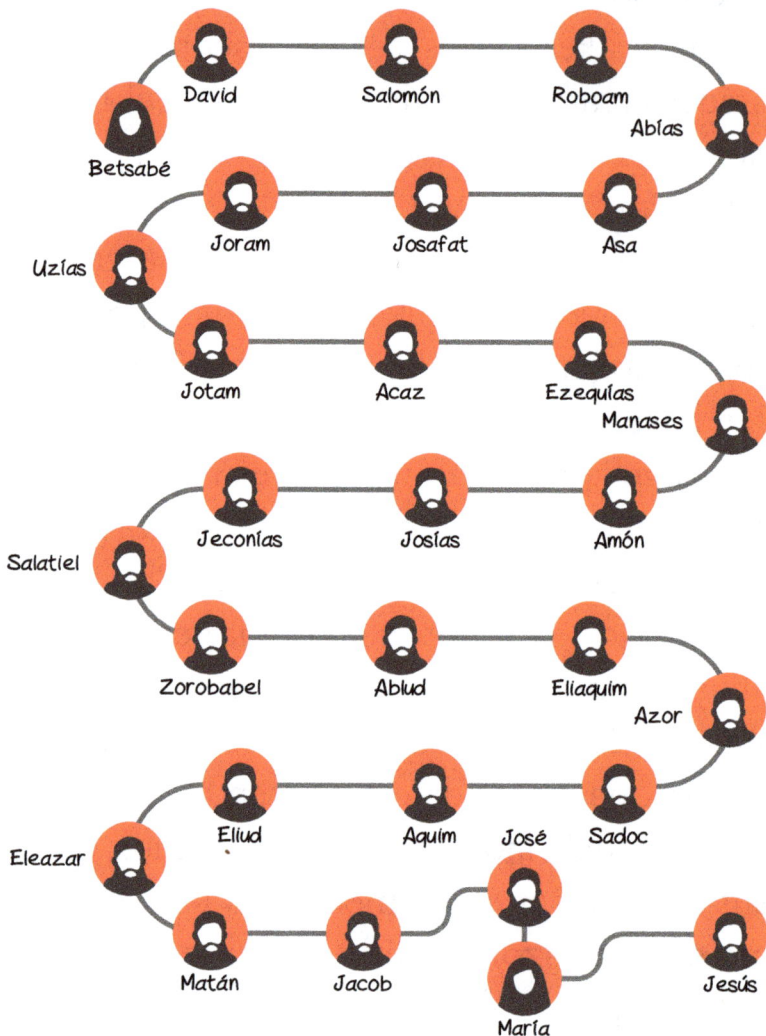

David · Salomón · Roboam · Abías

Betsabé

Uzías · Joram · Josafat · Asa

Jotam · Acaz · Ezequías · Manases

Salatiel · Jeconías · Josías · Amón

Zorobabel · Abiud · Eliaquim · Azor

Eleazar · Eliud · Aquim · José · Sadoc

Matán · Jacob · María · Jesús

Mateo 1:1-17

TERMINA LA ETAPA TEXTUAL DEL NUEVO TESTAMENTO

otra parte de su libro—, la cual llega hasta Adán, el primer ser humano, porque quiere demostrarnos la humanidad del Maestro, llamado también "Hijo del hombre". Marcos, en cambio, no nos da ni genealogía ni menciona nada de su infancia, pero inicia con una afirmación extraordinaria: "Principio del evangelio (Buena noticia) de Jesucristo, Hijo de Dios" Marcos 1:1 (RV95).

Y así, gracias al trabajo de estos escritores —un cobrador de impuestos (Mateo), un discípulo fiel (Marcos), un médico historiador (Lucas) y un pescador (Juan)—, hoy tenemos un testimonio verdadero sobre Jesús que nos invita a creer en Él y a seguirlo en cada aspecto de nuestra vida, convirtiéndonos de esta manera no solo en atentos lectores, sino en "amantes y amigos de Dios".

TERMINA LA ETAPA TEXTUAL DEL NUEVO TESTAMENTO

100 D.C.

Por tanto, cuando resucitó de
entre los muertos, sus discípulos
se acordaron de que había dicho
esto, y creyeron en la Escritura y
en la palabra que Jesús había dicho:
"Ustedes escudriñan las Escrituras,
porque les parece que en ellas
tienen la vida eterna;

¡y son ellas las que dan testimonio de mí!"

Evangelio de Juan 2:22; 5:39 (RV 95)

CAPÍTULO 6

LAS CARTAS:

TESOROS DE SABIDURÍA Y PRINCIPIOS DE LA FE

TRAIANOAVGGERM·DACICOPONTIFMAXIT·XVII·IMP·VI·MA TRAIANOAVGG
MAXIMOTRIBPOTXVIIIMPVICOSVIPPADOEPOPVLVSQNER MAXIMOTRIBPO
ADDECLARANDVMQVANTAEALTITVDINISMONSENATVSALTIT ADDECLARANDV
MONSETLOCVSTANERVAE·VRBVS·SIT·E·GESTVSADDECLARXVIIMONSELOCVSTA
SENATVSPOPVLVSQVEROMANVSIMPCADDECLARAMERVSENATVSPOPV
MPCAESARIDIVINERVAEFNERVAETRAI·ROMANVSEARAIM·CAESARIDIV
TRAIANOAVGGERM·DACICOPONTIFMAXINERVAEFOSTVTRAIANOAVGG
MAXIMOTRIBPOTXVIIIMPVI·RVAVIPPADOETRAIANOACOMAXIMOTRIBPO
ADDECLARANDVMQVANTAEALTITVDINISMONOPVLVSQVDILADDECLARANDV
MONSETLOCVSTACAESARIMBVSSIT·E·GESTVSQVANTAEALSITMONSETLOCVSTA
SENATVSPOPVLVSQVEROMANVSIMPCACAESARIDIVIROSENATVSPOPV
MPCAESARIDIVINERVAEFNERVAETRAIROMANVSIMEAMPCAESARIDIV
TRAIANOAVGGERM·DACICOPONTIFMAXEALTITVDINISATIFTRAIANOAVGG
MAXIMOTRIBPOTXVIIIMPVICOSVIPPADOENERVAEFNEOMAXIMOTRIBPO
ADDECLARANDVMQVANTAEALTITVDINISMONTAEALTITVDIEAADDECLARANDV
MONSETLOCVSTATXVIIIMIBVSSIT·E·GESTVSADDECLARANIEMONSETLOCVSTA
SENATVSPOPVLVSQVEROMANVSIMPCAPONTIFMAXE·ANSENATVSPOPV
MPCAESARIDIVINERVAEFNERVAETRAISIT·E·GESTVSQEMPCAESARIDIV
TRAIANOAVGGERM·DACICOPONTIFMAXMONSETLOCVSTITRAIANOAVGG
MAXIMOTRIBPOTXVIIIMPVICOSVIPPADOETXVIIMPVICOMAXIMOTRIBPO
ADDECLARANDVMQVANTAEALTITVDINISMONPONTIFMAXE·ADDECLARANDV
MONSETLOCVSTALTXVIIIMIBVSSIT·E·GESTVSLVSQVEROMAMONSETLOCVSTA
SENATVSPOPVLVSQVEROMANVSIMPCADVMQVANTANVSSENATVSPOPV
MPCAESARIDIVINERVAEFNERVAETRAIMAXIMOTRNEVMMPCAESARIDIV
TRAIANOAVGGERM·DACICOPONTIFMAXITXVIIIMPVIPOXTRAIANOAVGG
MAXIMOTRIBPOTXVIIIMPVICOSVIPPADOEPOPVLVSQIPPAMAXIMOTRIBPO
ADDECLARANDVMQVANTAEALTITVDINISMONSENATVSQVEADDECLARANDV
MONSETLOCVSTADACICOPOBVSSIT·E·GESTVSADDECLARBVSMONSETLOCVSTA
SENATVSPOPVLVSQVEROMANVSIMPCADDECLARAMVSISENATVSPOPV
MPCAESARIDIVINERVAEFNERVAETRAI·ROMANVSERVAIMPCAESARDIV
TRAIANOAVGGERM·DACICOPONTIFMAXI·NERVAEFONTITRAIANOAVGG
SENATVSPOPVLVSQVEROMANVSIMPCADVMQVANTAMASENATVSPOPV
MPCAESARIDIVINERVAEFNERVAETRAIMAXIMOTRICOIMPCAESARIDI
TRAIANOAVGGERM·DACICOPONTIFMAXITXVIIIMPVIMATRAIANOAVGG
SENATVSPOPVLVSQVEROMANVSIMPCADVMQVANTAMASENATVSPOPV
MPCAESARIDIVINERVAEFNERVAETRAIMAXIMOTRICOIMPCAESARIDI
TRAIANOAVGGERM·DACICOPONTIFMAXITXVIIIMPVIMATRAIANOAVGG
MAXIMOTRIBPOTXVIIIMPVICOSVIPPADOEPOPVLVSQNERMAXIMOTRIBPO
ADDECLARANDVMQVANTAEALTITVDINISMONSENATVSALTITADDECLARANDV
MONSETLOCVSTANERVAEVRBVSSIT·E·GESTVSADDECLARXVIIMONSELOCVSTA
SENATVSPOPVLVSQVEROMANVSIMPCADDECLARAMERVSENATVSPOPV
MPCAESARIDIVINERVAEFNERVAETRAI·ROMANVSEARAIM·CAESARIDI
TRAIANOAVGGERM·DACICOPONTIFMAXINERVAEFOSTVTRAIANOAVGG

Escribir cartas es una costumbre muy antigua que hoy se practica ya muy poco. En nuestra época nos resulta más fácil y rápido mandar un correo electrónico o comunicarnos por medio de las redes sociales.

Te invito a que les mandes una carta a tus padres o abuelos pidiéndoles que te respondan de la misma manera, para que tengas una idea de lo que significa hacerlo.

¿Sabías que la mayor parte de los textos que integran la parte del Nuevo Testamento son cartas? A estas también se les conoce como epístolas —palabra de origen griego— que fueron escritas por distintos autores como los apóstoles Pablo, Pedro, Juan, Santiago y Judas.

COMPLETOS LOS LIBROS DEL ANTIGUO Y NUEVO TESTAMENTO

100 D.C.   200 D.C.

Traducciones antiguas de la Biblia.

Las cartas contienen temas muy variados y de una gran riqueza de enseñanza espiritual y práctica. Estas se redactaron por distintas razones y en

PRIMER VIAJE DEL APÓSTOL PABLO

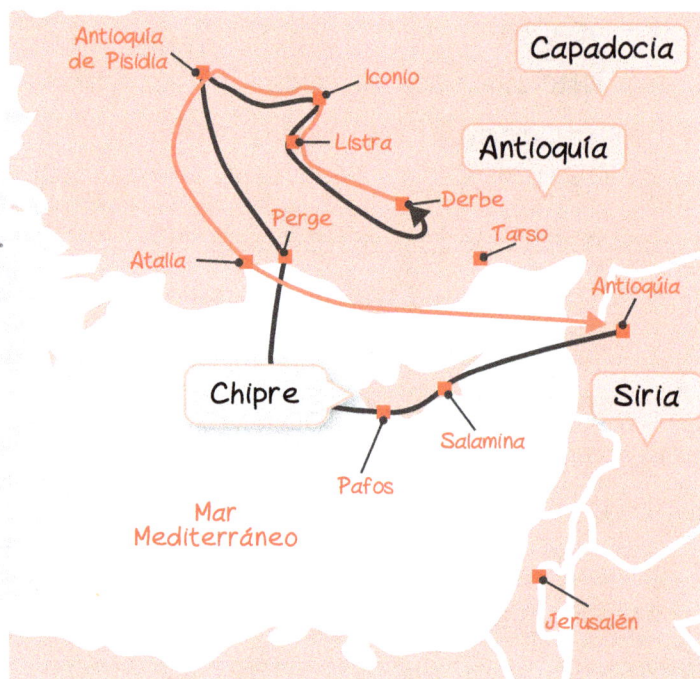

Antioquía de Pisidia

Capadocia

Iconio

Listra

Antioquía

Derbe

Perge

Tarso

Atalia

Antioquía

Chipre

Siria

Salamina

Pafos

Mar Mediterráneo

Jerusalén

← Ruta de ida
→ Ruta de regreso

COMPLETOS LOS LIBROS DEL ANTIGUO Y NUEVO TESTAMENTO

200 D.C.

300 D.C.

Traducciones antiguas de la Biblia

circunstancias muy diversas. Unas son más largas que otras, pero todas contienen palabras de ánimo para los creyentes con el propósito de que su fe se fortaleciera y no se desalentaran por las dificultades que enfrentaban, sobre todo porque muchos de ellos eran perseguidos a causa de su fe. Las que escribe Pablo, por lo regular son respuesta a las preguntas que se hacían los cristianos sobre diversos temas relacionados con su fe, como qué pasaría con ellos después de su muerte, cómo y cuándo sería la segunda venida de Cristo a esta tierra, problemas familiares (la relación entre padres e hijos) y de matrimonio, acerca de los dones y talentos que el Señor nos ha dado para su servicio, la comida, forma de vestir y las celebraciones que practicaban antes de ser cristianos, el amor, la ayuda a los necesitados, cómo corregir a los que no se conducen correctamente… La lista sería muy extensa, pero, sin exagerar, podríamos decir que prácticamente encontramos una respuesta clara a cada duda que como creyentes podemos tener relacionada con nuestra forma de vivir en este mundo y con nuestra vida eterna con el Señor.

COMPLETOS LOS LIBROS DEL ANTIGUO Y NUEVO TESTAMENTO

Se traduce toda la Biblia al latín (Vulgata) al final del siglo IV, obra del monje Jerónimo

400 D.C.

500 D.C.

Los libros se conservan y copian en papiro y pergamino.

SEGUNDO VIAJE DEL APÓSTOL PABLO

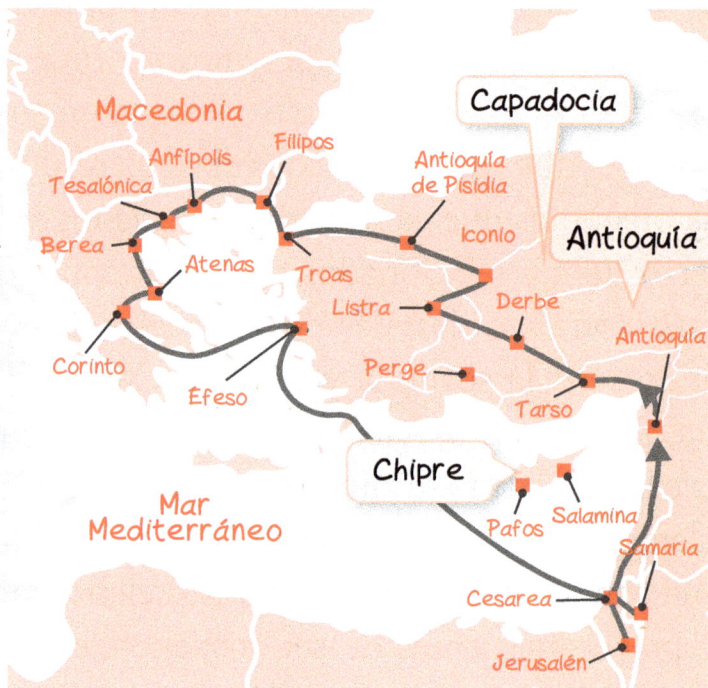

Macedonia

Capadocia

Anfípolis

Filipos

Tesalónica

Antioquía de Pisidia

Berea

Iconio

Antioquía

Atenas

Troas

Listra

Derbe

Corinto

Perge

Antioquía

Éfeso

Tarso

Chipre

Mar Mediterráneo

Pafos

Salamina

Samaria

Cesarea

Jerusalén

El primer grupo de cartas recibe el nombre de las ciudades donde radicaban los cristianos a quienes se les dirigía el documento. Dichas

EDAD MEDIA

Manuscritos iluminados

500 D.C.

600 D.C.

ciudades eran de origen griego y en ese momento estaban bajo el dominio romano. Algunas de esas ciudades son: Corinto, Tesalónica, Éfeso, Roma, Colosas y Filipos. Las que se identifican como pastorales están dirigidas a discípulos y colaboradores del apóstol Pablo y tienen un tono más personal, pero no por eso su contenido espiritual es menor.

De la misma manera que pasó con los escritores del Antiguo Testamento, Dios les inspiraba lo que tenía que escribir. Es por eso por lo que cuando llegaba su escrito a los destinatarios, estos escuchaban la lectura de la carta como "palabra de Dios". Algunas cartas no las escribía el apóstol sino un secretario, llamado también amanuense o escriba, quienes ponían por escrito lo que se les dictaba, como fue el caso de Tercio, quien escribió la carta a los Romanos y en una parte incluso nos dejó un saludo: "Yo Tercio, que escribí la epístola, los saludo en el Señor" (Romanos 16:21). Después de que el escriba o secretario terminaba de escribirla, Pablo solo le ponía su firma, es por eso por lo que él

dijo en la Segunda Carta a los Tesalonicenses: "Yo, Pablo, escribo este saludo de mi puño y letra. Esta es la señal distintiva de todas mis cartas; así escribo yo" (NVI).

Es fascinante pensar en esto, ya que todo eso es muy distinto de lo que hacemos actualmente para escribir un texto, pues ahora lo podemos

El evangelista Pablo en prisión

UBICACIÓN DE GALACIA

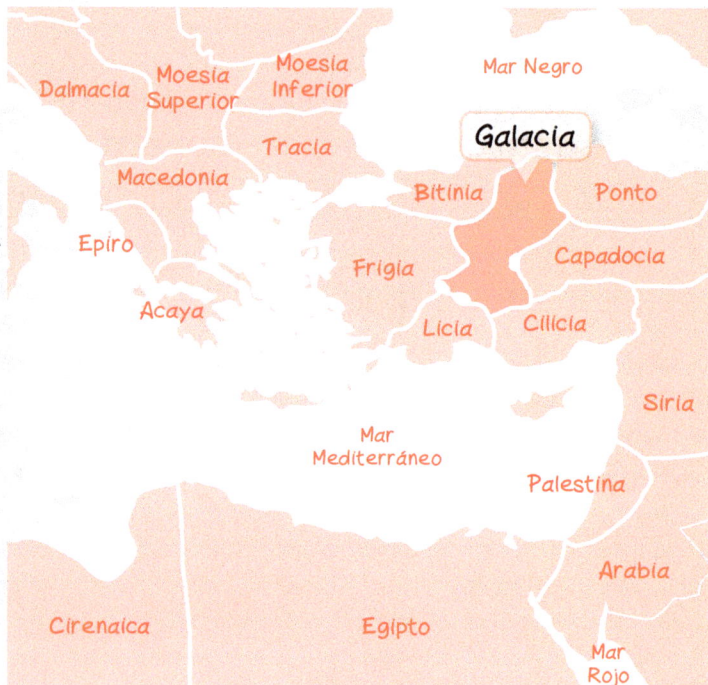

Dalmacia
Moesia Superior
Moesia Inferior
Mar Negro

Galacia

Tracia
Macedonia
Bitinia
Ponto
Epiro
Frigia
Capadocia
Acaya
Licia
Cilicia
Siria
Mar Mediterráneo
Palestina
Arabia
Cirenaica
Egipto
Mar Rojo

hacer desde un teléfono móvil, una tableta o una computadora.

Como ya lo habíamos mencionado, las cartas son los primeros materiales que se escribieron

EDAD MEDIA

Manuscritos iluminados

900 D.C.

del Nuevo Testamento, sobre todo las de Pablo, antes que los evangelios. La Primera Carta a los Tesalonicenses es considerada la más antigua, escrita muy probablemente en el año 51. Quienes escribían estas cartas estaban conscientes de que ese era el mejor medio para comunicarse con gente que estaba muy lejos y que de esa manera recibiría instrucción a distancia, la conociera o no todavía. Por eso el autor se preocupa porque su carta sea leída como si él mismo en persona les estuviera diciendo lo que estaba escrito. "Les encargo delante del Señor que lean esta carta a todos los hermanos" (Primera Carta a los Tesalonicenses 5:27 NVI), y en otra invita a sus destinatarios a que esa carta la compartan con otra congregación. "Una vez que se les haya leído a ustedes esta carta, que se lea también en la iglesia de Laodicea, y ustedes lean la carta dirigida a esa iglesia" (Colosenses 4:16 NVI). Esto nos permite saber que las cartas circulaban y eran compartidas en varios lugares, lo cual provocó que con el tiempo estas se fueran copiando para que cada comunidad de creyentes

EDAD MEDIA

Manuscritos iluminados

1000 D.C.

conservara una copia de de ellas. Pero, además, nos muestran que las enseñanzas y exhortaciones que contienen no son para un grupo en particular, sino para todo creyente, sin importar el lugar o la distancia. Por eso, cuando las leemos hoy en día siguen siendo tan actuales como lo fueron en su momento, porque nos hablan de las mismas dudas y problemas, y nos ofrecen las mismas respuestas, eternas y verdaderas.

Pablo tenía muchos amigos y siempre que podía los mencionaba. ¿Te imaginas la alegría que sentían cuando estaban leyendo una carta y de repente escuchaban sus nombres?

Saluden a Priscila y Aquila, mis compañeros de trabajo en Cristo Jesús. Por salvarme la vida, ellos arriesgaron la suya [...] Saluden a mi querido hermano Epeneto, el primer convertido a Cristo en la provincia de Asia [...] Saluden a Miriam [María], que tanto ha trabajado por ustedes [...].

Romanos 16:3, 5-6 (NVI)

EDAD MEDIA

Manuscritos iluminados

1000 D.C.

Para que podamos leer su mensaje como algo más personal, te sugiero que cuando leas un texto como el anterior, en lugar de esos nombres que hoy nos pueden parecer muy extraños, como Epeneto y Aquila u otros más, los sustituyas con tu nombre: Naomi, Joab, Mía, Aracely, Sergio, Ernesto, Pilar, Milka, etcétera.

Cada carta nace en circunstancias y lugares muy distintos, por eso estudiarlas y analizarlas nos permite descubrir detalles muy interesantes, no solo de quienes las escriben, sino del mundo en el que vivían, así como de las dificultades que enfrentaban para hablar de su fe. Por ejemplo, algunas fueron escritas desde la cárcel, como la *Epístola a los Filipenses*, circunstancia que no impidió que el apóstol Pablo la escribiera para animar a los creyentes que sabían de su captura a causa de su fe. En lugar de ser una carta llena de tristeza y desánimo, abunda en palabras de esperanza y gozo en el Señor por todo lo que Él es para nosotros. Por algo a esta carta muchos la han llamado la "Carta del gozo". También tenemos la *Carta de los gálatas*, conocida por muchos

*E*l amor es sufrido, es benigno;
el amor no tiene envidia,
el amor no es jactancioso, no se
envanece; no hace nada indebido,
no busca lo suyo, no se irrita,
no guarda rencor; no se goza de
la injusticia, mas se goza de la
verdad.

Todo lo sufre, todo lo cree,
todo lo espera, todo lo soporta.

El amor nunca deja de ser;
pero las profecías se acabarán, y
cesarán las lenguas, y la ciencia
acabará.

1 Corintios 13

como la "carta de la verdadera libertad". La *Primera carta a los corintios* contiene un texto al que se le ha llamado el "poema del amor" con toda razón, porque describe las cualidades del amor cristiano que viene del Señor.

El segundo grupo de cartas, llamadas universales, poseen también una gran riqueza espiritual; se les llama así porque están dirigidas a grupos de creyentes que no están identificados con una iglesia en particular, o a los creyentes que se encuentran en distintos lugares del mundo conocido de aquella época. De la de los Hebreos solo podemos deducir que son creyentes que provienen de la fe judía. La carta de Santiago se dirige a los creyentes judíos en primer lugar y a los de otras naciones; se refiere a ellos como "a las doce tribus que se hallan dispersas por el mundo" (1:1 NVI). La Primera carta de Pedro dice al principio: "A los elegidos, extranjeros dispersos por el Ponto, Galacia, Capadocia, Asia y Bitinia" (1:1 NVI). La Primera de Juan se dirige a los creyentes en general, a los que llama de manera cariñosa "hijitos, padres y jóvenes". Y Judas se dirige a "los

EDAD MEDIA

Biblia de los pobres

1200 D.C.

que son amados por Dios el Padre, guardados por Jesucristo y llamados a la salvación" (1:1 NVI).

Por algo se ha dicho que la Biblia es como una hermosa carta de amor escrita por Dios a los que creen en él y a todos los seres humanos. La próxima vez que tengas la oportunidad de leer una de estas cartas, hazlo pensando que es una carta personal que el Señor te ha escrito para que conozcas su amor y salvación. Y siempre encontrarás consuelo, ánimo y razones para vivir agradecido y contento.

El evangelista Pedro

Tales cosas se escribieron hace tiempo en las
Escrituras para que nos sirvan de enseñanza.

Y las escrituras nos dan esperanza y ánimo

mientras esperamos con paciencia hasta que se
cumplan las promesas de Dios.

Carta a los Romanos 15:4

Esas cosas les sucedieron a ellos como ejemplo para
nosotros. Se pusieron por escrito

para que nos sirvieran de advertencia

a los que vivimos en el fin de los tiempos.

Primera carta a los Corintios 10:11 (NTV)

CAPÍTULO 7

DEL MANUSCRITO
AL PRIMER
LIBRO IMPRESO

Durante muchos siglos, las Escrituras, que actualmente forman lo que llamamos la Biblia (los Libros), se copiaron a mano, principalmente sobre dos materiales de escritura: el papiro y el pergamino. Es por eso por lo que hoy se les conoce como "manuscritos", y a quienes se dedicaban a esta tarea se les llamó copistas, escribas o amanuenses. Gracias a un trabajo tan laborioso y de mucha perseverancia, hoy tenemos poco más de diez mil copias manuscritas de la Biblia en las lenguas originales en las que se escribió: hebreo, arameo y griego.

Las copias son de distintas épocas y lugares; unas son más antiguas que otras y fueron descubiertas en fechas distintas. Durante los dos últimos siglos se hicieron más hallazgos,

EDAD MEDIA

Alfonso X el Sabio

1200 D.C.   1300 D.C.

LAS BIBLIAS POLÍGLOTAS

DE LONDRES
(1657)
Complemento erudito de las anteriores, añadiendo textos etíopes, persas, árabes y arameos.

DE AMBERES
(1569-1572)
Conocida como Biblia Regia. Contiene textos de la Vulgata, Septuaginta, con caracteres arameos, siríacos y hebreos.

HEXAPLAS
(245 D.C.)
Edición crítica de Orígenes, escrita en seis columnas: hebreo, hebreo con alfabeto griego, versión griega de Aquila, Símaco, Septuaginta y Teodoción.

DE PARÍS
(1629-1645)
Reproducción de la de Amberes, con textos siríacos y árabes traducidos al latín.

DE ALCALÁ
(1514-1517)
Conocida como Complutense. Textos en hebreo, tárgum de Onquelos, Septuaginta, Vulgata y el Nuevo Testamento en griego.

que estuvieron rodeados de aventuras y hechos extraordinarios, como si se tratara de una película: cuevas en un desierto con manuscritos descubiertos por accidente por unos pastorcillos, manuscritos muy antiguos a punto de que se quemaran, bibliotecas medievales en varios monasterios de Europa, y otros más.

Conforme transcurría el tiempo, los manuscritos fueron mejorando de copia en copia, no solo por la calidad y el trazo de las letras, sino porque surgió un nuevo arte que podríamos decir que literalmente los iluminó, ya que ahora tenían luz, brillo y color. Además de los escribas que copiaban las letras, surgieron los que ilustraban con imágenes los textos bíblicos. A estos artistas se les conoce como miniaturistas. Recibieron ese nombre no por hacer dibujos pequeños para que cupieran entre las columnas de letras, sino porque empleaban una pintura roja, que en latín se llama *minium*, que se extraía del óxido de plomo y se usaba como el principal ingrediente. Como podrás darte cuenta, cada copia de la Biblia era única ya que contenía ilustraciones propias del artista que la había decorado con sus diseños. Era frecuente ver flores de muchos colores, animales —algunos muy raros—, frutas, personajes bíblicos y representaciones divinas, como ángeles o figuras que intentaban representar a Dios.

EDAD MEDIA

Con el tiempo surgieron las "Biblias de los pobres", conocidas también por su nombre latino *pauperum*. Se les llamó así porque se hicieron pensando en la gente pobre que, además de no poder comprar una Biblia iluminada, no sabía leer ni escribir. La idea era tener una Biblia con más imágenes que letras, y en ocasiones con solo imágenes que representaban pasajes, escenas y personajes bíblicos.

Un manuscrito medieval

Copista medieval

¡Era como tener un cómic de la Biblia pero sin letras!, como muchos que conocemos.

No eran Biblias completas, a veces eran hojas sueltas muy sencillas con escenas bíblicas y poco texto en un idioma que la gente conocía. Estas Biblias las usaban también los ministros religiosos para instruir al pueblo en su fe. La mayor parte de ellas se reproducía mediante un sistema de impresión llamado xilografía, arte conocido también como grabado en madera. Se usaba un molde de madera marcado con letras y dibujos, se entintaba y después se le ponía encima una hoja de pergamino o papel a presión para que se grabara la imagen. Eran como una especie de sellos como los que hoy conocemos, pero mucho más grandes. Las primeras Biblias *pauperum* eran en blanco y negro, y poco a poco se fueron haciendo con distintos tonos e incluso hubo también de colores, parecidas a las Biblias iluminadas.

Un día, un hombre con una enorme creatividad e iniciativa tuvo la idea genial de inventar una máquina que permitía reproducir muchas

RENACIMIENTO

Biblia del Duque de Alba (1430)
Gutenberg, primera Biblia impresa (1455)

1500 D.C.

Biblias incunables.

BREVE HISTORIA DE LA IMPRESIÓN

? A.C. — **Antigua China e Islas Fidji:** estampados usando hojas de plátano con figuras recortadas.

Cavernas de Santa Cruz, Argentina: manos colocadas sobre la superficie de la roca, y rociadas encima con un pigmento. — **7300 A.C.**

4100-3300 A.C. — **Mesopotamia:** Cilindros grabados sobre piedra, con motivos de sellos, dioses o símbolos religiosos.

Egipto: técnica semejante al estarcido, para decorar cerámica, pirámides y templos. — **2500 A.C.**

1600 A.C. — **Japón:** cabellos de mujer muy tensados, con aplicaciones de papel para formar figuras, y montados en un marco.

China: xilografía, grabado de textos y figuras en planchas de madera, que se usaban como placas de impresión. — **SIGLO V**

1450 — **Maguncia, Alemania:** Gutenberg desarrolló los tipos móviles, lo que permitió la reproducción de impresos a gran escala.

EDAD MODERNA

Primer Nuevo Testamento en español
Francisco de Enzinas (1543)

1500 D.C.

Biblias de forma mecánica en mucho menos tiempo del que le tomaba a un escriba hacer una sola Biblia a mano. Ese hombre fue Johannes Gutenberg, el creador de la imprenta y quien hizo la primera Biblia impresa de la historia a mediados del siglo XV (1455).

Ya no se trataba de una copia hecha a mano, sino de la primera Biblia impresa. ¿Pero cómo lo logró hacer? Para darnos una idea, la imprenta de Gutenberg era muy parecida a la xilografía, pero con la diferencia de que ahora se usaron letras de metal (resultado de una mezcla de plomo, estaño y antimonio), como si se tratara de sellitos con letras, llamadas tipos móviles, las cuales se acomodaban en una caja de forma invertida hasta tener la página completa, se entintaba y se pasaba varias veces por hojas de papel hasta obtener muchas copias de un mismo molde.

A pesar de que Gutenberg había logrado por primera vez en la historia reproducir copias idénticas de un mismo texto, con letras que parecían hechas a mano, dejó un espacio para que las Biblias se siguieran iluminando.

EDAD MODERNA

Biblia de Ferrara (1553)
Segundo Nuevo Testamento en español
Juan Pérez de Pineda (1556)

Casiodoro de Reina, 1569
Primera Biblia en español completa
a partir de las lenguas originales

1600 D.C.

Una vez que alguien adquiría una copia de su Biblia, se la llevaba al artista que se la iba a decorar, usando los espacios que se habían dejado en blanco con esa intención. Una vez que el artista terminaba su trabajo, se llevaban las hojas (folios) al encuadernador y le daba el acabado final a la Biblia, al gusto del comprador. Digamos que cada ejemplar era distinto y personalizado. Es como si a tu Biblia le dibujaras en los espacios en

Gutenberg imprimiendo la primera edición
de la Biblia

HISTORIA DEL PROCESO DE GUTENBERG

¿1434?-1446 — Estancia en Estrasburgo trabajando como platero.

1446 — Regresó a Maguncia y obtuvo financiamiento para desarrollar los tipos móviles.

¿1449? — Perfeccionó los tipos móviles y editó el Misal de Constanza, primer impreso con el nuevo sistema.

1452 — Comenzó el proceso de impresión de la Biblia de 42 líneas.

1455 — Se publicaron 180 ejemplares de la Biblia de 42 líneas.

EDAD MODERNA

Revisión de la Biblia de Reina, por Cipriano de Valera (1602)

1600 D.C.

blanco distintas flores y animales y después la mandas a encuadernar a tu gusto.

Gracias a la difusión del cristianismo en los primeros siglos, la Biblia se había podido traducir a muchas lenguas antiguas como el siríaco, el copto, el armenio, el etiópico, el latín y otras más. De todas esas Biblias, la que se tradujo al latín, lengua que se hablaba en el antiguo imperio romano, durante muchos siglos fue la que más se copió y se dio a conocer principalmente en Europa y el norte de África. Esa traducción se conoce como la *Vulgata latina,* lo que significa que estaba escrita en una lengua común, la que hablaba y entendía mucha gente de distintos lugares. Esa traducción al latín es la que imprimió Gutenberg y que además sirvió para, más adelante, hacer traducciones de la Biblia a muchas otras lenguas.

Su invento ayudó a que poco a poco la Biblia se diera a conocer más y que en el siglo XVI se hicieran muchas traducciones a muchas lenguas de Europa como el alemán, el inglés, el francés, el italiano y el español, entre otras. Además, ahora se podía contar con muchas copias iguales y hechas en menos tiempo que cuando se hacían a mano. Con el tiempo ello también permitió que más gente pudiera tener una copia de la Biblia y que le costara menos dinero. En el siguiente capítulo descubriremos cómo nos llegó la Biblia en nuestro propio idioma.

EDAD MODERNA

1700 D.C.

1800 D.C.

CAPÍTULO 8

NUESTRA BIBLIA
EN ESPAÑOL

EN el principio crió Dios los cielos, y la tierra.

2 Y la tierra estaua desadornada y vazia, y las tinieblas estauan sobre la haz del abismo, y el espíritu de Dios se mouía sobre la haz de las aguas.

3 Y dixo Dios, * Sea la luz: y fue la luz.

4 Y vido Dios que la luz era buena: y apartó Dios á la luz de las tinieblas.

5 Y llamó Dios á la luz Día, y á las tinieblas llamó Noche: y fue la tarde y la mañana Vn día.

6 * Y dixo Dios, Sea vn estendimiento en medio de las aguas, y haga apartamiento entre aguas y aguas.

7 * Y hizo Dios vn estendimiento, y apartó las aguas que están debaxo del estendimiento, de las aguas que están sobre el estendimiento: y fue ansí.

8 Y llamó Dios al estendimiento Cielos: y fue la tarde y la mañana el día segundo.

9 Y dixo Dios, * Iuntense las aguas que están debaxo de los cielos en vn lugar, y descubrase la seca: y fue ansí.

10 Y llamó Dios á la seca Tierra, y al ayuntamiento de las aguas llamó Mares: y vido Dios que era bueno.

11 Y dixo Dios, Produzga la tierra yerua verde, yerua que haga simiente: arbol de fruto, que haga fruto según su naturaleza, que su simiente esté en el sobre la tierra: y fue ansí.

12 Y produxo la tierra yerua verde, yerua que haze simiente según su naturaleza,

en el qual está su naturaleza. y vido Dios era bueno.

13 Y fue la tarde y la mañana el día Tercero.

14 ¶ Y dixo Dios, Sean luminarias en el estendimiento de los cielos para apartar el día y la noche: y sean por señales, y tiempos determinados, y por días y años.

15 Y sean por luminarias en el estendimiento de los cielos para alumbrar sobre la tierra: y fue ansí.

16 Y hizo Dios las dos luminarias grandes: la luminaria grande para que señoreasse en el día, y la luminaria pequeña para que señoreasse en la noche, y las estrellas.

17 Y pusolas Dios en el estendimiento de los cielos, para alumbrar sobre la tierra.

18 Y para señorear en el día y en la noche, y para apartar la luz y las tinieblas: y vido Dios que era bueno.

19 Y fue la tarde y la mañana el día Quarto.

20 ¶ Y dixo Dios, Produzgan las aguas reptile animal biuiente, y aues que buelen sobre la tierra, sobre la haz del estendimiento de los cielos.

21 Y crió Dios las grandes vallenas, y toda cosa biua, que anda rastrando, que las aguas produxeron según sus naturalezas, toda aue de alas según su naturaleza: y vido Dios que era bueno.

22 Y bendixo los Dios diziendo, Fructificad y multiplicad, y henchid las aguas las mares: y las aues se multipliquen en la tierra.

23 Y fue la tarde y la mañana el día Quinto.

24 ¶ Y dixo Dios, Produzga la tierra anima biuiente según su naturaleza, bestias y serpientes, y animales de la tierra según su naturaleza: y fue ansí.

25 Y hizo Dios animales de la tierra según su naturaleza, y bestias según su naturaleza, y todas serpientes de la tierra según su naturaleza: y vido Dios que era bueno.

26 ¶ Y dixo Dios, * Hagamos al hombre á nuestra ymagen, conforme á nuestra semejança: y señoreen en los peces de la...

■ Alguna vez te has preguntado cómo nació
nuestra Biblia en español?

Su historia es muy extensa y está llena de
datos fascinantes. Como es una historia muy lar-
ga, solo hablaremos de algunos episodios y men-
cionaremos algunos datos importantes.

La historia empieza con un rey en el siglo XIII
de nuestra era, el rey de Castilla y León, reinos
que después formarían parte de lo que hoy conocemos como España. Este rey fue conocido como
Alfonso X el Sabio, porque era muy inteligente y
estudioso; no solo sabía muchas cosas, sino que
además tuvo la idea de escribir una gran historia
de la humanidad empezando desde sus orígenes.
Así, incluyó en ella parte de la Biblia. No fue una
traducción completa, sino más bien un resumen.
A esta traducción se le conoce como *la Biblia*

EDAD CONTEMPORÁNEA

1800 D.C.   1900 D.C.

Alfonso X el Sabio

alfonsina (1280). Aunque nuestro idioma estaba "en pañales", es decir, apenas estaba desarrollándose, podemos afirmar que es una de las primeras Biblias en castellano.

Posteriormente, en la primera mitad del siglo XV, el rey D. Juan II de Castilla le pagó a un maestro y dirigente judío (rabino), Moisés Arragel, para que tradujera solo el Antiguo Testamento a partir de su idioma original, el hebreo. Esta Biblia fue también iluminada, y actualmente se le conoce por el nombre de la biblioteca de un duque, la Biblia del duque de Alba (1430).

A pesar de que existían estas traducciones, en realidad eran muy pocos los que tenían la oportunidad de conocerlas y leerlas. La imprenta aún no se inventaba, pero además, traducir la Biblia a las lenguas de los pueblos estaba prohibido.

En el siglo XVI las cosas empezaron a cambiar favorablemente, ya había imprenta, y aunque las condiciones para traducirla seguían siendo difíciles y peligrosas, siempre hubo hombres valientes que arriesgaron su vida para hacerlo. Uno de estos hombres se llamó Francisco de Enzinas, quien fue el primero que tradujo el Nuevo Testamento al español a partir del griego, la lengua original en que se había escrito (1543). Tuvo incluso la oportunidad de dedicárselo personalmente al emperador Carlos V, aunque esto no lo libró de pisar la cárcel por las prohibiciones que aún había para traducir la Biblia. Poco después, otro español, Juan Pérez de Pineda, revisó su trabajo, tradujo del griego y publicó otro Nuevo Testamento (1556). Estos fervorosos creyentes españoles querían que sus paisanos y todos los que conocieran su lengua pudieran leer la Biblia para que creyeran en Jesucristo, el Salvador del mundo.

Los judíos que hablaban nuestra hermosa lengua, conocidos también como sefaraditas, en la mitad del siglo XVI hicieron una contribución muy importante al traducir solo el Antiguo

EDAD CONTEMPORÁNEA

Algunas revisiones de Reina-Valera: 1909

ALGUNAS BIBLIAS EN ESPAÑOL

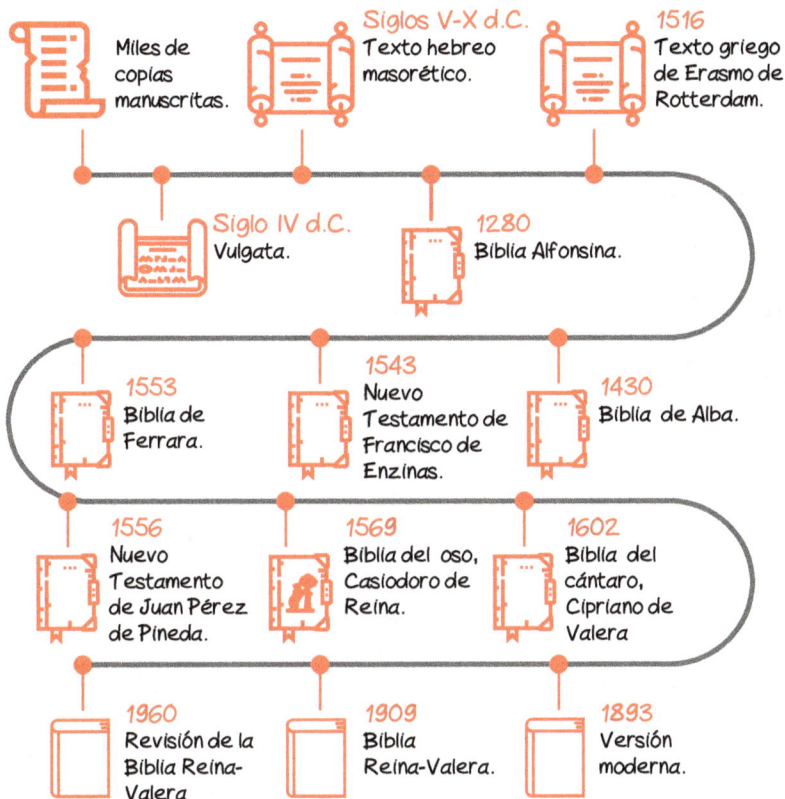

Miles de copias manuscritas.

Siglos V-X d.C.
Texto hebreo masorético.

1516
Texto griego de Erasmo de Rotterdam.

Siglo IV d.C.
Vulgata.

1280
Biblia Alfonsina.

1553
Biblia de Ferrara.

1543
Nuevo Testamento de Francisco de Enzinas.

1430
Biblia de Alba.

1556
Nuevo Testamento de Juan Pérez de Pineda.

1569
Biblia del oso, Casiodoro de Reina.

1602
Biblia del cántaro, Cipriano de Valera

1960
Revisión de la Biblia Reina-Valera

1909
Biblia Reina-Valera.

1893
Versión moderna.

Testamento al español que ellos hablaban en aquella época. Esta traducción fue muy útil para traducir poco después la primera Biblia completa al español, a la que se conoce por el lugar

EDAD CONTEMPORÁNEA

1910 D.C.

donde se imprimió, la ciudad italiana de Ferrara, es decir, la Biblia de Ferrara.

Años después, otro español, Casiodoro de Reina, nacido en un lugar de Sevilla llamado Montemolín, quien creía en Jesús y quería que los españoles leyeran completa la Biblia en su propio idioma, emprendió la tarea de traducirla toda al español a partir de sus lenguas originales: hebreo, arameo y griego. Esto no fue fácil, ya que tuvo que huir de España a causa de su fe, y durante doce años en los que vivió en distintos lugares de Europa, se dedicó a traducir la Biblia. Tuvo que enfrentar muchas dificultades para que esto fuera posible: no tenía dinero para publicarla, enfermó muchas veces, incluso estuvo a punto de morir; un día le robaron el manuscrito con todo lo que había traducido, aunque después lo recuperó (¡qué susto se habrá

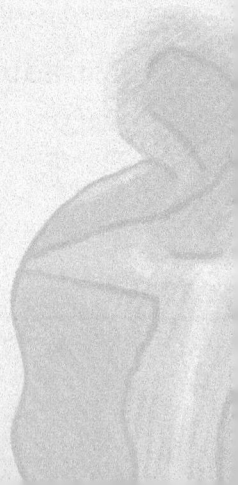

Francisco de Enzinas

llevado!), cuando estaba a punto de imprimir la Biblia el impresor se murió y eso retrasó su trabajo. Pero ningún obstáculo impidió que se publicara finalmente en 1569.

A esta Biblia se le conoce también como la **Biblia del Oso**. Se le llama así porque en la portada aparece la imagen de un oso recargado en un tronco que intenta alcanzar un panal de donde salen abejas.

Ilustración de portada de la Biblia del Oso

CASIODORO DE REINA

1520
Nacimiento en Montemolín, Badajoz, España.

1557
Permanencia en la Orden de san Jerónimo.

1557
Huida a Ginebra. Empieza la traducción de la Biblia.

1558-1564
Refugiado en Inglaterra, fue ordenado pastor y continuó la traducción.

1565
Estancia en Fráncfort y Estrasburgo con su esposa. Se dedica a la venta de libros y seda

1569
Finalmente, en Basillea publica su traducción, conocida como la Biblia del Oso.

Los impresores tenían la costumbre de usar un sello o ilustración que distinguía su trabajo de los otros impresores, además de que relacionaban con su nombre u origen.

EDAD CONTEMPORÁNEA

1910 D.C.   1920 D.C.

En la Biblia de Casiodoro aparece el sello del impresor Matthias Apiarius. A los elementos que aparecen en el sello se les pueden dar muchos significados. El panal de miel nos recuerda "que la Palabra de Dios es más dulce que la miel que destila del panal". Unas abejas vuelan alrededor del panal así como de un libro abierto que está a un lado del tronco. Dicho libro representa a la Biblia, ya que en su interior aparece el nombre de Dios con letras hebreas y más abajo el texto bíblico: "Porque la Palabra de nuestro Dios permanece para siempre". Hay quienes piensan que el oso podría simbolizar a los que no creen y se oponen al mensaje del Evangelio, pues intenta comerse la miel del panal en lugar de ir al texto bíblico. Pero también hay quienes han sugerido que el oso podría encarnar a la ciudad alemana de Berna, de donde era el impresor Matthias. Asimismo, el apellido Apiarius procede del latín *apis*, que significa abeja, por lo que el panal y las abejas estarían relacionadas con su apellido. Casiodoro logró, con la ayuda del Señor, imprimir 2 600 Biblias en español por primera vez en el taller de Tomás Guarín, en Basilea, Suiza. Un dato interesante es que cuando esto se logró aún no se escribía el famoso libro de Miguel de Cervantes, *El ingenioso hidalgo don Quijote de la Mancha*, que se convirtió posteriormente en uno de los libros más importantes de nuestra lengua.

Años después de que se imprimiera la Biblia de Casiodoro, un amigo suyo, también creyente, revisó su trabajo para hacerle algunas correcciones al texto. Este ilustre español se llamó Cipriano de Valera, y dedicó los últimos años de su vida a este extraordinario trabajo. A dicha revisión se le conoce como la **Biblia del Cántaro** (1602) porque en la portada aparecen dos personajes que están plantando un arbusto. Ellos representan a Pablo y Apolos, ilustrando lo que escribió el apóstol a los Corintios: "Yo sembré y Apolos regó, pero el crecimiento lo da el Señor". En la imagen se puede apreciar a Apolos con un cántaro echando agua a lo que Pablo estaba sembrando. Esto es un ejemplo de lo que ha sucedido con la historia de la Biblia en general: ha sido un trabajo de muchos seres humanos, en el que cada quien hizo lo que le correspondió

EDAD CONTEMPORÁNEA

EJEMPLARES DE LA
BIBLIA DE GUTENBERG (1)

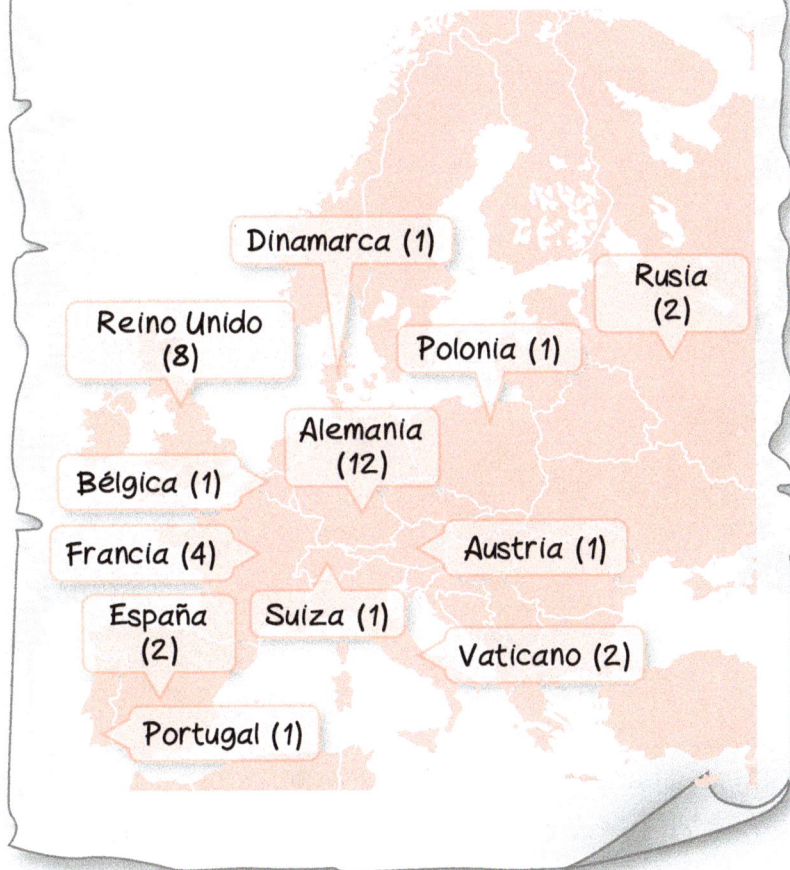

Dinamarca (1)

Rusia (2)

Reino Unido (8)

Polonia (1)

Alemania (12)

Bélgica (1)

Francia (4)

Austria (1)

España (2)

Suiza (1)

Vaticano (2)

Portugal (1)

EDAD CONTEMPORÁNEA

1950 D.C.

EJEMPLARES DE LA
BIBLIA DE GUTENBERG (2)

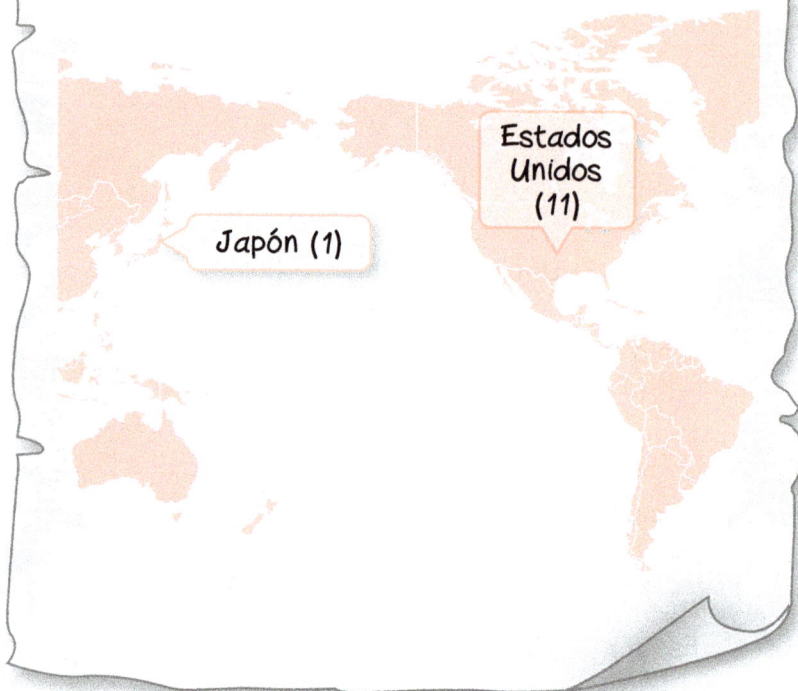

Estados
Unidos
(11)

Japón (1)

a su llamado y talentos, unos sembrando y otros regando, unos traduciendo otros revisando, unos traduciendo una parte y otros la parte que faltaba, unos difundiéndola y otros predicándola.

EDAD CONTEMPORÁNEA

Algunas revisiones de Reina-Valera: 1960

1950 D.C.

1960 D.C.

A esta Biblia se le conoce como Reina-Valera por el nombre del traductor y del que la revisó por primera vez. Y como se ha revisado muchas veces desde entonces, ahora también se le identifica por el año en que se terminó de revisar. Por eso decimos "Reina-Valera 1909, 1960, 1977 o 1995". Tal vez te preguntes por qué la Biblia se tiene que revisar tantas veces. La respuesta es porque dejamos de usar muchas palabras de nuestro idioma que hay que sustituir por otras, además de que siempre se buscan las palabras más adecuadas que expresen de forma más clara lo que se quiso decir en hebreo o griego.

Por ejemplo, el evangelio de Lucas de Reina Valera 1909 dice: "Y mirando, vio a los ricos que echaban sus ofrendas en el gazofilacio" (Lucas 21:1). Esta última palabra, que procede del griego y el latín, es un tanto extraña y ya no se usa actualmente. Quienes revisaron la edición de 1909 consideraron cambiar esa palabra y el texto quedó así: "Levantando los ojos, vio a los ricos que echaban sus ofrendas en el arca de las ofrendas". Cambiar gazofilacio por arca de las ofrendas nos permite comprender mejor lo que estamos leyendo y hace más clara nuestra lectura. Así podemos encontrar muchas palabras que se han tenido que sustituir para que podamos entender mejor la Biblia. Ahora leemos *creó* en lugar de *crió*, *Palabra* en lugar de *Verbo*, *amor* por *caridad*, *salvación* por *salud,* y muchas más que podrás ir descubriendo por tu cuenta en tu lectura comparando revisiones.

Actualmente contamos con muchas otras traducciones en español que se han realizado no solo de copias más antiguas de la Biblia, sino con nuevas traducciones, lo cual nos permite leer con más claridad y comprensión su mensaje. Estas traducciones se conocen con distintos nombres para poder identificarlas por sus características o por quienes las tradujeron. Por ejemplo: Nueva Versión Internacional, Nueva Traducción Viviente, Dios habla hoy, Interconfesional, La Latinoamericana, Biblia de Jerusalén y muchas más.

La Biblia también se ha traducido, en partes o completa, a muchas lenguas de México y de varios países de América Latina. Este trabajo es

EDAD CONTEMPORÁNEA

Algunas revisiones de Reina-Valera: 1977

muy difícil y en ocasiones ha llevado décadas lograrlo. La razón es que muchos pueblos no cuentan con un alfabeto, mucho menos con un diccionario, y quienes la traducen primero tienen que aprender su lengua, entender sus maneras de pensar, de ver y comprender el mundo que los rodea, convivir con ellos mucho tiempo para aprender sus palabras, crear un alfabeto y lograr así su traducción.

Conocer esta breve historia nos permite valorar lo que significa tener hoy en día una Biblia en español en nuestras manos. Quienes las tradujeron les dedicaron muchas horas de trabajo, esfuerzo, sacrificios, lágrimas, pero también una gran cantidad de amor porque estuvieron dispuestos a renunciar a todo para pudiéramos leer en nuestro idioma la Palabra de Dios.

Como te habrás dado cuenta, este breve recorrido por tantos siglos de historia de la Biblia también tiene que ver con historia del libro en general. No se puede hablar del desarrollo del libro sin dejar de mencionar la historia de la Biblia. Esta no se escribió en un tiempo en el que

EDAD CONTEMPORÁNEA

abundaban los libros, sin embargo, sigue siendo uno de los libros más traducidos y difundidos hasta nuestros días. Tener presente su historia y todas las dificultades que enfrentó para llegar hasta nuestras manos nos invita a tomar en serio sus palabras y leerlas con reverencia, pero sobre todo con fe. Esto significa poner nuestra confianza en su mensaje, el cual jamás nos defraudará. Cada vez que la leemos con esa actitud, se convierte en una suave voz que habla de nuevo a nuestra conciencia y a nuestro corazón. Cada personaje, desde Abraham hasta Pablo, nos recordará la necesidad de tener un día un genuino encuentro con Dios y su Palabra, más allá de toda frontera religiosa. Recuerda que Abraham, a pesar de ser un personaje muy importante en las tres religiones monoteístas: judaísmo, cristianismo e islam, no fue judío, cristiano ni musulmán, no asistió a una sinagoga, iglesia o mezquita, no tuvo una Biblia, pero fue llamado "amigo de Dios" porque le creyó todo lo que le dijo y prometió. "Que en él serían benditas todas las familias de la tierra".

EDAD CONTEMPORÁNEA

Algunas revisiones de Reina-Valera:
1995
2011

1990 D.C.   2015 D.C.

APÉNDICE

Abreviaturas de Biblias citadas en este libro

RV1977   Revisión 1977 de la *Versión Reina-Valera* (CLIE)

NTV   *Nueva Traducción Viviente*. Tyndale House Publishers, Inc.

NVI   *Nueva Versión Internacional* (Sociedad Bíblica Internacional), Editorial Vida.

DHH   *Dios Habla Hoy*. Sociedades Bíblicas Unidas

RVA   *Versión Reina Valera Actualizada*, Editorial Mundo Hispano

RV60   *Reina Valera 1960*, Sociedades Bíblicas Unidas

RV95   *Reina Valera 1995*, Sociedades Bíblicas Unidas.

RVC   *Reina Valera Contemporánea*. Sociedades Bíblicas Unidas

La Palabra SBU   *La Palabra,* Edición Hispanoamericana, Sociedades Bíblicas Unidas

Biblias sugeridas para su lectura general

Santa Biblia RV77, Colores de fe, Grupo Nelson

Santa Biblia Congregacional NVI, Editorial Vida

RVR60 *Santa Biblia,* Ed. Económica Letra grande, Grupo Nelson

Biblias devocionales

Santa Biblia para chicas NVI (Especialidades Juveniles), Editorial Vida

Santa Biblia NVI, Edición diario personal, Editorial Vida

Biblia Aventura NVI, Editorial Vida (para niños)

Biblias de referencia

Biblia de Referencia Dake RVR60

Biblia de Referencia Thompson RVR 1960, Editorial Vida

Biblias de estudio

Biblia de Estudio para la Mujer, RVR60, Grupo Nelson

Biblia de Estudio Nelson

Biblia Plenitud Reina Valera 1960, Grupo Nelson

La Biblia de las Américas, Biblia de Estudio, Editorial Vida

Biblias temáticas

Biblia de Estudio *Tras las huellas del Mesías* RVR60, Editorial Vida

Santa Biblia de Estudio arqueológica NVI, Editorial Vida

Biblia *Celebremos la Recuperación* NVI, Editorial Vida

Para saber más acerca del origen del texto bíblico (Bibliografía sugerida)

Descubre la Biblia (Tomos II y III), Sociedades Bíblicas Unidas, 2006, Miami, Florida, Editor Edesio Sánchez Cetina.

El Origen de la Biblia, Dr. Philip W. Comfort y Dr. Rafael A. Serrano.

Cómo se formó la Biblia, Ediberto López, editor general, Justo L. González, Augsburg Fortress 2006, Serie: Conozca su Biblia.

¡Fidelidad! ¡Integridad! Sociedad Bíblica Internacional, 2001, Editorial Vida.

La Biblia, cómo se convirtió en libro, Terry Hall, Ediciones Las Américas, 1991

Casiodoro de Reina, Patriarca del Protestantismo Hispano, Raymond S. Rosales.,Concordia Seminary Publications Monograph Series, Michigan 2002.

El Libro que dio forma al mundo, Vishal Mangalwadi, Grupo Nelson, 2011.

www.ingramcontent.com/pod-product-compliance
Lightning Source LLC
Chambersburg PA
CBHW080542090426
42734CB00016B/3186